2

Ich mobbe gern!

Alexander Vier

Ich mobbe gern!

Die 10 ultimativen Strategien für mehr Lebensglück

Eichborn.

2 3 4 5   05 04 03

© Eichborn AG, Frankfurt am Main, Februar 2003
Umschlaggestaltung: Christiane Hahn
Umschlagfotografie: Turhan Ergel
Lektorat: Dr. Barbara Werner, Stuttgart
Gesamtherstellung: Fuldaer Verlagsagentur GmbH, Fulda
ISBN 3-8218-3985-6

Verlagsverzeichnis schickt gern:
Eichborn Verlag, Kaiserstraße 66, D-60329 Frankfurt am Main
www.eichborn.de

Inhalt

Vorwort

Wir alle tun es. Sie, wir, Ihr Chef, die lieben Kollegen, Schulkameraden und Kegelbrüder, Ihre Frau, Ihr Mann, Ihre Kinder, einfach alle. In Deutschland vergeht kein Tag, an dem nicht gemobbt wird.

Mobben macht reich und schön, wichtig und mächtig, glücklich und zufrieden. Wen wundert es da noch, dass jeder mobbt, so gut er kann? Wer mobbt, will etwas davon haben, und zwar eindeutig mehr als die anderen. Genau hier liegt das Problem. Wir können doch nicht allesamt reich, schön, mächtig und zufrieden sein, oder?

Ein guter Mobber ist der, der besser mobbt als seine Mitmenschen. Nur wenn die Konkurrenz auf der Strecke bleibt, fühlt sich der geborene Karrieretyp auf dem Gipfel des Erfolgs so richtig wohl. Was aber unterscheidet den Meister seines Fachs vom deutschen Durchschnittsmobber? Dieser Frage wollen wir auf den folgenden Seiten nachgehen.

Wir, die Autoren dieses Buches, sind weder jung noch dynamisch, aber auf jeden Fall erfolgreich. Wir arbeiten alle am selben Ort, sind also Kollegen und somit – potenzielle Mobbing-Partner. Die Arbeit hat unsere Fantasie beflügelt und uns dazu inspiriert, einmal mit der so genannten »Mobbing-Prüf-Brille« (MPB) alles zu durchleuchten, was uns widerfahren ist. In hart erarbeiteter Selbsterfahrung sind wir zu der Erkenntnis gelangt, dass Mobbing in der heutigen Welt ein legitimes, lebenswichtiges Handwerk ist wie Lesen, Rechnen oder Schreiben. Wer mit den richtigen Strategien zur richtigen Zeit jonglieren kann, tut sich leichter im Leben! Deshalb haben wir die wichtigsten Taktiken in langjähriger Praxis optimiert und für Sie aufgeschrieben.

Das Buch gibt einen Überblick über die Strategien des erfolgreichen

Mobbens in allen Bereichen des gesellschaftlichen Zusammenlebens und zeigt nicht ohne einen Hauch von Realsatire, wie die Gesellschaft der Mobber und Gemobbten beschaffen ist. Darum müssen wir an dieser Stelle darauf hinweisen: Ähnlichkeiten mit noch lebenden oder verstorbenen Personen sind rein zufällig. Sollten Sie sich trotzdem an irgendeiner Stelle dieses Buches wiedererkennen, bitten wir ausdrücklich um Entschuldigung.

Unsere Gegner werden wahrscheinlich sagen, wir hätten dieses Elaborat ausschließlich während der Arbeitszeit erschaffen. Wir wären schlechte Mobber, wenn wir die kleine Denunziation nicht sofort durchschauen würden. Leider, liebe Gegner, mussten wir unsere Freizeit für das Buch opfern, während Ihr faul auf dem Sofa liegen konntet.

Und damit niemand auf die Idee kommt, Rache für die folgenden Enthüllungen über das Mobber-Dasein zu üben, haben wir uns ein Pseudonym zugelegt. Hinter dem Namen Alexander Vier verbergen sich vier Fachmenschen in Sachen Mobbing, die wissen, wovon sie sprechen, aber lieber im Hintergrund bleiben möchten. Man weiß schließlich nie, mit welchen Gemeinheiten die Konkurrenz aufwartet, wenn man, wie in diesem Buch, einmal richtig zeigt, was erfolgreiches Mobbing im Alltag bewirken kann.

Hätte es das Buch früher gegeben, wären wir natürlich allesamt Vorstandsvorsitzende eines großen Industriekonzerns, Bundeskanzler, Bankpräsident oder irgendein anderes hohes Tier geworden. Ganz ist uns das – zumindest bisher – nicht gelungen. Aber das Leben wäre langweilig ohne neue Herausforderungen. Und auch für Sie, werte Leserinnen und Leser, wird es nach der Lektüre dieses Buches noch längst nicht zu spät sein ...

1. Mobbing –
Das Einmaleins des Lebensglücks

Haben Sie noch Zweifel an unserer These? Dann schauen Sie einmal auf Ihr eigenes Leben. Tag für Tag sind Sie auf das Äußerste gefordert: im Beruf, im Freundeskreis, in der Familie, selbst im Supermarkt. Statistiken beweisen, dass jeder Mensch pro Tag mindestens zwanzig Mal um sein Glück betrogen wird. Wollen Sie wichtig sein und alles erreichen, was Sie sich vorgenommen haben, reichen Intellekt, Können und ein korrektes Sozialverhalten allein nicht aus. Nur wenn Sie die Kunst des Mobbings beherrschen, sind Sie wirklich erfolgreich. Mobbing ist das Einmaleins des Lebensglücks. Es ist unpopulär, aber wirkungsvoll.

Der Kampf um den alltäglichen Vorteil beginnt am frühen Morgen und endet nicht vor dem Schlafengehen. Ihr Nachbar klaut Ihnen die Frühstückszeitung. Der Bäcker dreht Ihnen Brötchen vom Vortag an. An der Ampel blockiert Sie ein Sonntagsfahrer. Sie kommen zu spät ins Büro, wofür Ihr Chef überhaupt kein Verständnis hat. Auf Ihrem Schreibtisch türmt sich eindeutig zu viel Arbeit. Die neue Mitarbeiterin, die selbst noch was werden will, legt ständig neue Akten dazu. In der Pause müssen Sie lauwarmen Kaffee trinken. Der Chef schikaniert Sie am Telefon. Und abends, nach einem langen Tag voller kleiner Demütigungen, müssen Sie tatsächlich noch den Einkauf erledigen, obwohl Ihr Partner genügend Zeit dazu hätte. Während dieser sich gemütlich vor dem Fernseher lümmelt, bügeln Sie schnell noch das Hemd oder den Rock für den nächsten Tag, damit Sie auch dann wieder gut gekleidet gemobbt werden können.

Würde der Tag denn so nicht viel schöner aussehen: Ihr Nachbar leiht

Ihnen seine Zeitung, damit Sie nicht selbst eine kaufen müssen. Der Bäcker begrüßt Sie persönlich und packt Ihnen backfrische Brötchen in die Tüte. Die Sonntagsfahrer machen wie selbstverständlich Platz an der Ampel. Sie kommen zügig voran, sind überpünktlich im Büro, Ihr Chef empfängt Sie mit Handschlag und überschüttet Sie mit Lob in der Morgenbesprechung. Die Arbeit liegt bei Ihren Kollegen. Der Bürobote verteilt die Mittagspost geschickt auf die anderen Mitarbeiter und bringt Ihnen den Kaffee heiß an den Schreibtisch. Wenn Sie abends nach Hause kommen, brauchen Sie sich nur noch hinzusetzen und auszuruhen. Die Einkäufe sind erledigt, die Klamotten hängen schon im Schrank.

Solche und ähnliche Vorstellungen bleiben viel zu oft ein Wunschdenken. Wir alle befinden uns in einer Tretmühle tagtäglicher Intrigen und Schikanen. Wo Menschen über eine längere Zeit zusammenleben oder zusammenarbeiten, gibt es auf Dauer nicht nur Harmonie. Immer wieder kommt es zu Differenzen, Reibereien, Zwietracht und Streit. Immer wieder sind wir gezwungen, uns zu wehren, indem wir andere ausbooten. In jeder dieser Situationen sehen Sie schlecht aus, weil Ihnen böse Geister und Rivalen verdiente Vergünstigungen, Aufstieg und Glück neiden und streitig machen. Denn Neid – nicht Geld – regiert die Welt. Aber lassen Sie sich dadurch nicht verunsichern, nervös machen oder demotivieren. Greifen Sie lieber an, starten Sie eine gezielte Attacke, mobben Sie einfach.

Mobbing ist ein ganz normaler, äußerst profitabler Vorgang, für den es viele umgangssprachliche Bezeichnungen gibt: abschießen, ausgrenzen, ausmanövrieren, ausspannen, demütigen, kaltstellen, wegschnappen, Konkurrenzkampf, Psychoterror, Ränkespiel. Die Autoren dieses Buches definieren Mobbing als strategischen Prozess, in dem die Menschen versuchen, ihre Privilegien zu erkämpfen und zu sichern. Beim Mobben geht es darum, mit einer gewissen Gerissenheit die Lebensqualität zu verbessern und Nachteile zu verhindern.

Seinen Ursprung hat das Wort im Englischen: Mit *to mob* umschreiben die Engländer jede hinterhältige Attacke, die der Pöbel, das Gesindel oder eine Verbrecherbande auf den unbescholtenen Mitbürger so lange ausübt, bis dieser aufgibt. Aber auch in den gehobenen gesellschaftlichen Schichten der britischen Inseln wird kräftig gemobbt. Man denke nur an das geschickte Taktieren im englischen Königshaus, wenn es um aufmüpfige Schwiegertöchter, unpassende Mätressen und hartnäckig ausharrende Thronfolger geht. Seit Konrad Lorenz wissen wir zudem, dass Mobbing im Tierreich zur obersten Spielregel beim *survival of the fittest* gehört. Der Verhaltensforscher hat beobachtet, wie eine Gruppe von Tieren einen unerwünschten Eindringling rigoros wegzumobben vermag.

Wenden wir uns einem weiteren, nicht unerheblichen Vorteil des Menschen-Mobbings zu. Ein schnelles Erlernen der zentralen Mobbing-Strategien dient der Vermeidung von Stress und der dadurch hervorgerufenen gesundheitlichen Schäden. Nicht nur schlechte Arbeits- und Lebensbedingungen oder individuelle Faktoren wie Rauchen, Alkohol, Drogenkonsum, Diätwahn und zu schnelles Autofahren machen einen Menschen krank, sondern vor allem die sozialen Stressfaktoren. Diese treten auf, wenn ein anderer das bekommt, was man selbst gern hätte. Seien Sie doch ehrlich: Auch Ihnen ist sicher schon einmal »die Galle übergelaufen« oder »etwas auf den Magen geschlagen«, weil Sie einem Konkurrenten zu seinem vollkommen unverdienten Erfolg gratulieren mussten. Wollen Sie sich das wirklich noch länger gefallen lassen?

Die meisten Erkrankungen, die durch fehlerhaftes oder gar fehlendes Mobbing verursacht werden, entwickeln sich langsam, aber mit gravierenden Symptomen.

1. Allgemeines Unwohlsein: Gänsehaut, Schlafstörungen, Kopfschmerzen, Lustlosigkeit beim Sex, Menstruationsbeschwerden.
2. Stimmungsschwankungen: Verlust der Lebensfreude, krankhafte Neigung zur Alkoholabstinenz, Lustlosigkeit auf Partys und in Techno-Diskos. Das äußere Erscheinungsbild erinnert stark an Prinz Charles oder die eigene Großmutter.
3. Angstzustände: Angst vor Kinos, erotischen Fantasien, Fernsehen, dem Pizzaservice, Freund oder Freundin. In Albträumen stehen Sie wehrlos Ihrem Chef, Angela Merkel oder Jürgen Möllemann gegenüber.
4. Suchtverhalten: Exzessiver Kaffeegenuss, Missbrauch von Erdnüssen, Schokoriegeln, Wassermelonen und Kondomen.

5. Schwer wiegende, langfristige, physische und psychische Schädigungen, zum Beispiel: Magenerkrankungen, Migräne, Holzhack-Syndrom, zwanghafter Drang zur Teilnahme an nachmittäglichen Talkshows, Anmeldungen zu Töpferkursen, Entscheidungsneurosen mit Abhängigkeiten von Psychotherapeuten und psychologischer Ratgeberliteratur.

Trotz dieser offenkundigen Gefahren flüchten sich manche Menschen immer noch lieber in das Frührentnerdasein oder willigen viele Betrogene immer noch lieber in eine Scheidung unter den ungünstigsten Konditionen ein, als dass sie sich konsequent und mit den strategisch adäquaten Mitteln in den Kampf um das bessere Auskommen im Leben begeben. Ohne viel Fantasie können wir erkennen, wie stark die Lebensqualität eines Individuums zusammenschrumpft, wenn es sich an den vielen Orten, an denen soziale Herausforderungen lauern, nicht richtig behauptet. Wer verliert, gefährdet nicht zuletzt seine Gesundheit. Und was uns krank macht, nehmen wir nach Feierabend mit nach Hause. So belasten sich Mann, Frau und Kinder, Freund und Freundin, Lebensgefährte und Lebensgefährtin gegenseitig mit dem Alltagsschrott, der sich tagsüber vor ihnen auftürmt. Wollen Sie ernsthaft Ihr Privatleben gefährden, nur weil Sie nicht in der Lage sind, sich angemessen zu wehren und richtig zu mobben? Das wäre doch ein Jammer und muss wirklich nicht sein, oder?

Warum tappen immer noch so viele Menschen in die Falle derjenigen Bücherschreiber, Moralisten und Psychologen, die Mobbing für ein verwerfliches Mittel der neuzeitlichen Raubtiermentalität in unserer Gesellschaft halten? Es ist an der Zeit, mit diesem Irrtum gründlich aufzuräumen. Mobbing ist eine Überlebenstaktik, die den modernen Menschen auszeichnet. Und der moderne Mensch ist schließlich kein banaler Intrigant, Lügner, Scheinheiliger oder Eifersüchtiger, sondern ein feiner, guter Mensch, der aus völlig verständlichen Gründen nach seinem persönlichen Vorteil sucht.

Was unterscheidet einen modernen Mobber von einem charakterlichen Schwächling? Schauen wir uns diese Typen einmal genauer an:

Der Intrigant:

Herr Mühsam ist ein übler Intrigant. Er spielt seine Kollegen ebenso wie die Mitglieder seiner Familie wahllos und auf unterstem Niveau gegeneinander aus, wenn sich nur die Gelegenheit dazu bietet. Da er stets nach Chancen zur Intrige Ausschau hält, leidet er unter einem gewissen Verfolgungswahn. In Unkenntnis anderer Durchsetzungsstrategien vermutet er hinter jeder Äußerung seiner Mitmenschen eine böse Machenschaft. Herr Mühsam kann sich nicht vorstellen, dass die anderen überhaupt nicht daran denken, ihn zu hintergehen. Deshalb lebt er in ständiger Angst vor intriganten Winkelzügen.

Der Lügner:

Herr Steiger hat große Schwierigkeiten im Umgang mit der Wahrheit. Bei vielen Themen, etwa bei der Frage nach seiner beruflichen Position und dem entsprechenden Einkommen, greift er zur banalen Lüge. Böse Zungen behaupten, er sei ein Hochstapler. Aufgrund dieses alles bestimmenden Charakterzuges kommt es Herrn Steiger niemals in den Sinn, dass seine Mitmenschen ehrlich sein könnten. Er lebt ganz nach dem Grundsatz: »Wer selbst lügt, glaubt auch, dass er von anderen belogen wird.«

Der Eifersüchtige:

Herr Konstantin hat eine große, geheime Leidenschaft. Er lässt keine Gelegenheit aus, um einem sexuellen Abenteuer nachzugehen. Das braucht er einfach, auch wenn er dabei ständig seine Ehefrau betrügt. Da er aus eigener Erfahrung weiß, wie rücksichtslos die Menschen vorgehen, wenn sie diese Leidenschaft verspüren, ist er natürlich rasend eifersüchtig. So glaubt er beständig, seine Frau betrüge ihn auch.

Die Scheinheilige:

Frau Melchior erzählt ihrer Freundin, dass sie Menschen nicht leiden kann, die ihre Ehekonflikte vor den Kindern austragen. Dies, so die verantwortungsbewusste Mutter, störe die Kinder erheblich in ihrem Sozialisationsprozess. Sie berichtet von zahlreichen Fällen aus ihrem Bekanntenkreis, in denen sich die Eltern in derart fahrlässiger Weise ihren Kindern gegenüber verhalten. Dabei verschweigt Frau Melchior allerdings, dass sie selbst jeden Abend wartet, bis die Familie vollständig vor dem Fernseher versammelt ist, um ihrem Mann eine Szene zu machen.

Der Mobber:

Herr Schmidt ist erfolgsorientiert und geradlinig. Im Job setzt er auf Karriere, im Privatleben auf Glück. Zur Erreichung seiner Ziele greift er auf legitime, kleine Strategien zurück, die ihm helfen, seine eigenen Bedürfnisse zu befriedigen und die Bedürfnisse anderer erst etwas später zum Zuge kommen zu lassen. Herr Schmidt ist ein liebenswürdiger, intelligenter und lustiger Zeitgenosse, der es versteht, immer einen Schritt schneller zu sein als seine Mitmenschen. Man bewundert ihn für seine Tatkraft, sein Durchsetzungsvermögen, seinen Erfolg, und man gönnt ihm seine Privilegien.

Herr Willibald Schmidt, auf dessen Schicksal wir gleich noch einmal ausführlicher zu sprechen kommen, ist ein Mensch wie Sie und ich – nur etwas klüger und erfolgreicher. Er ist ein Mensch mit Vorbildcharakter, ein Mann, der sein ichbezogenes Handeln in den Dienst der Menschheit stellt.

Seit den Arbeiten des englischen Sozialökonomen und Klassikers der Nationalökonomie Adam Smith wissen wir, dass die Maximierung des Eigennutzes den größten Nutzen für die Allgemeinheit bringt. Anders ausgedrückt: Die egoistischen Wünsche und Bestrebungen eines jeden aufrechten und engagierten Mobbers sind der Antriebsmotor und der Funktionsmechanismus des wirtschaftlichen Aufschwungs. Mobber wie Willibald Schmidt oder die Autoren dieses Buches leisten somit einen wichtigen gesellschaftlichen Beitrag. Wenn wir alle mit gesundem Egoismus unseren persönlichen Vorteil pflegen, fördern wir die Wirtschaft und sorgen für das Gemeinwohl.

Mobbing steigert so gesehen das Bruttosozialprodukt, schafft Arbeitsplätze, sichert die Aktienkurse, stabilisiert die Währung, garantiert die Renten, steigert die Exportquote, sorgt für mehr Demokratie, macht die PISA-Studie überflüssig, mehrt die Kindergartenplätze, saniert das Gesundheitswesen, minimiert die Zahl der Sozialhilfeempfänger, bringt Freude und Spaß ins Gefängnis, lässt die Krankmeldungen zurückgehen, schützt vor Steuererhöhungen, schmiedet stabile Partnerschaften, macht Wahlkämpfe interessant, erhöht die Kreativität, rettet Ehen, gestaltet das Liebesleben abwechslungsreich und farbig. Mobbing bringt das notwendige Maß an Spannung und Sportsgeist ins Leben, erleichtert und verschönert den Alltag.

Mobbing gewährt also nicht nur individuelle Glücks- und Machtgefühle sowie das Bewusstsein der unabdingbaren Überlegenheit, das sich selbst bei Menschen in bescheidenen Positionen einstellt, wenn sie in die Offensive gehen. Nein: Mobbing garantiert das wirtschaftliche und soziale Funktionieren auf globaler Ebene. Dem Mobber kommt eine enorme gesellschaftliche Verantwortung zu.

Leider gibt es mittlerweile viele Pseudomobber, die sich unter dem Schutzmantel des korrekten Mobbings verstecken. Die Gesellschaft ist reich an Intriganten, Heuchlern, Lügnern, Trickbetrügern, Steuerhinterziehern, kleineren und größeren Ganoven, die sich alle gern selbst als Mobber bezeichnen. Aber: Was können die rechtschaffenen Bürger dafür, dass niederträchtige Verbrecher, Fälscher und Diebe unter ihnen leben? Kreiden wir es nicht dem aufrichtigen Mobber an, dass sich auf der Welt auch Pseudomobber tummeln!

Versuchen wir lieber, das Problem im Rückgriff auf die Soziologie und deren berühmten Vertreter Max Weber näher zu beleuchten. Weber unterscheidet die »Gesinnungsethik« von der »Verantwortungsethik«. Den Verantwortungsethiker zeichnet aus, dass er bestimmte Handlungen daraufhin untersucht, welche Wirkungen und Folgekosten von ihnen ausgehen. Der Gesinnungsethiker hingegen berücksichtigt nicht den Effekt seiner Handlungen, sondern stellt seine eigenen Prinzipien und Beweggründe in den Mittelpunkt. Die Nebenwirkungen seiner Handlungsweisen sind ihm unwichtig.

Ein Mobber, so wie wir ihn im Rahmen dieses Buches verstehen, wäre im Sinne Max Webers ein Verantwortungsmobber, der Pseudomobber dagegen ein Gesinnungsmobber.

Wo liegt der Unterschied?

Der Verantwortungsmobber kalkuliert die Folgen seines Handelns ein, ebenso die Abwägung des Verhältnisses von Mittel und Zweck. Er überlegt sich vorher genau, mit welcher genialen und tiefsinnigen Strategie das beste Ergebnis zu erzielen sein dürfte. Der Effekt seiner Handlungen soll nutzbringend sein, und zwar in erster Linie für ihn selbst. Wenn dieser ehrenwerte Mobber mobbt, übernimmt er die Verantwortung für sein eigenes Wohlergehen – und für das seiner Mitmenschen, wie wir an den Thesen von Adam Smith gesehen haben.

Die Gesinnungsmobber betreiben Mobbing als reinen Selbstzweck. Sie mobben, nur um zu mobben, aus purer Selbstbefriedigung. Einen besonderen Zweck verfolgen sie nicht. Diese primitiven Pseudomobber lehnen die Autoren ab, da es ihnen nur um Destruktion, Zerstörung oder Sexismus geht, nicht aber um eine Verbesserung der beruflichen oder privaten Position. Sie haben Spaß am Intrigen- und Denunziantentum, am Lügen, Heucheln und Blenden, und das allein genügt ihnen. Welch ein niedriges Motiv für strategisches Handeln! Wenn man sich schon die Mühe macht und einen Konkurrenten um den Vorteil bringt, sollte das doch wenigstens zum Nutzen des trickreichen Mobbers sein. So würde ein richtiger, ein Verantwortungsmobber denken – und voller Verachtung auf die üblen Gesinnungsmobber herabblicken.

Da es sich hier um eine sehr grundlegende Unterscheidung handelt, möchten wir die Eigenschaften von Verantwortungs- und Gesinnungsmobbern in der folgenden vergleichenden Übersicht zusammenfassend darstellen.

	Verantwortungsmobber	Gesinnungsmobber
Zweck des Mobbings	Problemlösung	Destruktion
Mittel des Mobbings	Strategien	Intrigen, Lügen
Intelligenzquotient	130 (wie Goethe)	40 (wie ein Schimpanse)
Charakter	intelligentes und freundliches Wesen mit Ambitionen	einfältiges Wesen mit unreflektiertem Ehrgeiz
Organisationsgrad	hoch komplex	nicht vorhanden
Hobbys	Schach, Lesen	Sauna, Kreuzworträtsel
Leidenschaft	Urlaub, Autos, Börse, Sex, Politik, Polo, Golf	Bierzelte, Grillen, Dauercamping
Tugenden	ehrenwert, unbescholten, achtbar	bieder, simpel, prüde
Vorbilder	Alice Schwarzer, Michael Schumacher, Michael Douglas	Heiner Lauterbach, Max Schautzer
Schutzpatron	Helmut Kohl, Hans Dietrich Genscher	Jürgen Möllemann, Thomas Gottschalk
Urlaubsort	Toskana	Allgäu
Leibgericht	Bratkartoffeln mit Lachs	Pizza mit Pommes
Auto	Mercedes, Jaguar	Ford, Honda, Volkswagen
Lieblingsfilm	Der Pate	Der Schuh des Manitu
Musikgeschmack	Rock, Pop, Jazz, Blues, Soul	Schlager, Volksmusik
Getränk	Barolo	Caipirinha
Kleidung	graue Krawatten, Boxershorts	rote Krawatten, Schiesser-Feinripp
Sexualverhalten	regelmäßig nach den Mahlzeiten	wenn die Kopfschmerzen vorüber sind
Lokale	Ethno-Restaurants	Bierkneipen
Fernsehsendungen	Dallas, Lindenstraße, Harald Schmidt Show	Traumschiff, Derrick, Streit um Drei

Unsere ausführlichen Analysen beweisen: Mobbing bringt gesamtgesellschaftlich gesehen Fortschritt und Innovation, Wohlstand und Freiheit, sozialen und globalen Frieden. Mobbing ist politisch betrachtet eine Friedens- und Frauenbewegung, in ökonomischer Hinsicht ein Prinzip der Gewinnmaximierung, im sozialpsychologischen Bereich ein Mittel der Konfliktbewältigung. Wer mobbt, nutzt sich selbst und der Gemeinschaft. Welchen vernünftigen Grund kann es demnach geben, auf Mobbing zu verzichten?

Bevor wir aus dieser Erkenntnis die Konsequenzen ziehen und aufzeigen, wie jeder Mensch im Alltag das Beste für sich selbst und die Welt, in der er lebt, durch strategisch tadelloses Mobbing herausholen kann, wollen wir den Blick noch einmal auf das Schicksal eines ganz normalen Menschen und vorbildlichen Mobbers richten: auf das Leben von Willibald Schmidt, dem seine Eltern vor ungefähr 50 Jahren kurz nach seiner Geburt diesen bedauerlichen Namen gaben.

Exkurs: Die ideale Mobber-Biografie –
Aus dem Leben von Willibald Schmidt

Alles begann mit einem Akt von geradezu übermenschlicher Anstrengung. Unzählige kleine Spermien schwammen in die gleiche Richtung. Aufgeregt zappelten sie mit ihren kleinen Schwänzchen dem großen Ziel entgegen. Allen war klar: Nur einer kommt durch! Nur der Schnellste, Beste und Stärkste würde die Eizelle erreichen und die Konkurrenz gnadenlos ausschalten! Während die zukünftigen Eltern ermattet und eng umschlungen in den Schlaf sanken, tobte ein einzigartiger Mobbing-Kampf im Inneren des Körpers, bei dem ein müder Schwachmatiker keine Chancen hatte. Und diesen Kampf gewann: Willibald.

Neun Monate später:

Willibald kam auf die Welt und wurde das jüngste Mitglied der Familie Schmidt. Die Ruhe, die Geborgenheit und die Wärme im Mutterleib waren mit einem Schlag vorbei. Plötzlich war es kalt, hell und laut um ihn herum. Doch ganz so schrecklich, wie es auf den ersten Blick schien, war das Leben dann gar nicht. Schließlich besaß Willibald schon ein paar Fähigkeiten, die ihm das Erdendasein erleichterten. Er konnte schreien: sehr gern, sehr häufig, sehr laut. Schon bald erkannte er die Vorteile, die ihm sein Stimmvolumen einbrachte. Immer, wenn er sich unwohl fühlte, brüllte er einfach los. Dann wurde er liebevoll in die Arme genommen und bekam etwas zu trinken. Man spielte mit ihm und lächelte ihn an. Das Brüllen machte seine Eltern gefügig. Manchmal reichte ein kleines Meckern, schon waren sie da. Und wenn sie nicht gleich parieren wollten, schrie Willibald kontinuierlich und ausdauernd. Den längeren Atem hatte er bereits im Kinderbett.

Einige Wochen später:

Willibald entdeckte eine Fähigkeit, die das Leben des Kleinkindes auf das Angenehmste verbesserte: lächeln. Als er einmal unversehens die Lippen verzog, bemerkte der Kleine, wie begeistert seine Mutter darauf reagierte. »Er lächelt!«, rief sie überglücklich. »Wie niedlich!«, meinten auch alle anderen Familienmitglieder und machten tausend komische Sachen, nur um ihn zum Weiterlächeln zu animieren. Fortan lächelte Willibald immer dann, wenn er Langeweile hatte und sich etwas amüsieren wollte.

Die ersten Wochen und Monate verliefen zu Willibalds vollster Zufriedenheit. Die Mutter funktionierte, und der Vater verhielt sich so, dass er nicht im Weg stand. Das mit dem Vater war allerdings ein besonderes Problem. Nach einiger Zeit merkte Willibald nämlich, dass dieser Besitzansprüche an seine Mutter stellte. Unerhört! Da musste er sofort eingreifen! Nacht für Nacht erkämpfte sich Willibald das Recht auf den mütterlichen Busen mit vehementem Gebrüll. Mehrere Tage und einen immensen lautstarken Druck benötigte er, um seine Eltern richtig zu erziehen. Schließlich gaben sie auf, sogar der Vater kapitulierte. Willibald durfte ab sofort immer in der Mitte des Ehebettes schlafen.

Diese Erlebnisse erleichterten ihm den Einstieg ins Leben erheblich, denn Willibald begriff sehr schnell: Wenn es nicht so lief, wie er wollte, setzte er nach Belieben zwei bewährte Strategien ein. Er lächelte oder er schrie, und schon konnte er sich der ungeteilten Zuwendung seiner Umgebung sicher sein.

Ein Jahr später:

Das erste Wort, das Willibald sprechen konnte, hieß »Mama«. Ein kleines Zugeständnis für all die Mühen und schlaflosen Nächte, die sie mit ihm verbrachte. Überhaupt belohnte er seine Mutter gern mit kleinen

Nettigkeiten, wenn sie sich so richtig ins Zeug legte. Er spürte, dass sie ihm insbesondere nachts viel schneller zur Verfügung stand, wenn er gelegentlich ein bisschen lieb zu ihr war.

Als Willibald nach einem Jahr die Funktionsweise seiner Beine entdeckte, ergaben sich schon wieder neue Möglichkeiten, die kindlichen Rechte durchzusetzen. Er konnte laufen, wohin er wollte, nur musste er aufpassen, nicht bei all seinen Aktionen erwischt zu werden. Manche Dinge tat man eben besser im Verborgenen. Auch das wurde Willibald bald klar.

In einem Jahr erlernte Willibald die Grundzüge aller lebensnotwendigen Mobbing-Strategien. Denn was bei seinen Eltern funktionierte, führte auch bei den anderen Menschen zum Erfolg. Die Großeltern waren hingerissen, wenn er lächelte. Die Geschwister waren abgeschrieben, sobald er nur laut genug schrie. Beim Einkaufen konnte er kleine Annehmlichkeiten von seinen Aufpassern erpressen, indem er »fröhliches Kind« spielte und alle Umstehenden anstrahlte, obwohl es an der Kasse viel zu lange dauerte oder seine Mutter viel zu lange dafür brauchte, ein Paar Schuhe anzuprobieren.

Drei Jahre später:

Jetzt hatte Willibald alle Tricks drauf. Er fühlte sich stark und freute sich auf den Kindergarten.

Der erste Kindergartentag war der schwärzeste Tag in seinem Leben. Viele Niederlagen musste er einstecken, und das, obwohl er sich so gefreut und so gut vorbereitet hatte! Endlich wollte er seine Fähigkeiten an den vielen anderen Kindern ausprobieren. Doch Willibald musste feststellen, dass die kindliche Konkurrenz ebenfalls mit allen Wassern gewaschen war.

Willibald war müde und frustriert, aber keineswegs zum Aufgeben bereit. Einige Tage lang beobachtete er die großen Kinder bei ihren Aktionen. Dann hatte Willibald kapiert. Man brauchte Verbündete! Er lernte, dass man nicht jedem alles erzählen durfte und dass man gewisse Dinge nicht aus den Fingern geben sollte. Es dauerte genau zwei Monate, bis sich keiner mehr erlaubte, irgendetwas ohne Willibald zu tun!

Binnen kürzester Zeit war er der Chef im Kindergarten. Eine beispiellose Karriere nahm ihren Lauf!

Viele Jahre später:

Als Willibald mit der gefüllten Schultüte im geschmückten Festsaal seiner Schule saß, wusste er schon genau, was er wollte und wie er es erreichen konnte. Ohne große Anstrengung und ohne viel Eigeninitiative kam er gut durch die Schulzeit. Willibald war niemals Klassenbester, aber stets einer der Besseren. Hilfreich waren: das Bauchpinseln der Lehrer, geeignete Abschreibtechniken und ein getreuer Hofstaat in der Klasse.

In der Pubertät baute er auf seinen früh erworbenen Fähigkeiten weiter auf. Seine Chancen, vor allem beim weiblichen Geschlecht, waren gigantisch. Er studierte das Verhalten der älteren Jungen in der Oberstufe genau und registrierte fasziniert, welche Möglichkeiten sich boten. Schnell verschaffte er sich einen Überblick über die notwendigen Annäherungstaktiken, dann machte sich Willibald ans Experimentieren. Körpereinsatz, Lächeln! Das war seine Spezialität und wirkte bei den Mädchen sofort.

Willibald zeigte sich als starker Mann. Immer cool bleiben und eine gewisse draufgängerische Art, dazu hatte er Talent. Das Unterwerfen lag ihm hingegen nicht so sehr. Da ohne Unterwerfung bei den Mädchen jedoch gar nichts lief, übte er vor dem Spiegel den klassischen »Hundeblick« und trainierte die richtigen Sprüche frei nach dem Motto: »Du bist das schönste Mädchen auf der Welt, ich kann ohne dich nicht leben.« Kleinere oder größere Geschenke betrachtete der angehende Frauenheld als sinnvolle Investition. Der Zweck heiligt eben die Mittel.

Das weibliche Geschlecht dankte ihm seinen Einsatz. Willibald wurde ein Meister seines Fachs, der Liebling aller Mädchen, der sich große Mühe gab, niemanden zu benachteiligen und alle Verehrerinnen gleich gern zu knutschen. Das brachte ihm auch sonst enorme Vorteile. Durch seine verstärkten Aktivitäten im Bereich der zwischenmenschlichen Beziehungen hatte Willibald nämlich nur noch wenig Zeit für die Schule. Aber seine Mädels unterstützten ihn im Unterricht, bei den Hausaufgaben und – besonders wichtig – während der Klassenarbeiten. Außerdem wurde er Klassensprecher, später auch Schulsprecher und Chefredakteur der Schülerzeitung. Damit holte er sich durch geringen Arbeitsaufwand die nötigen Pluspunkte bei den Lehrern, schließlich hatte er auch hier seine Leute, die ihm die Arbeit machten. So wurde Willibald ein sehr guter Schüler. Sein Abitur absolvierte er, dank des ausgeklügelten Netzes von Zuarbeitern und Lobbyisten, mit einem Notendurchschnitt von 1,2.

Die tadellose Schulkarriere ihres Zöglings blieb nicht ohne Wirkung auf die stolzen Eltern. Willibald hatte sie voll unter Kontrolle. Es bereitete ihm keinerlei Schwierigkeiten, durch die elterliche Mithilfe einen hohen Lebensstandard aufzubauen. Kaum war ein neuer Luxusgegenstand auf dem Markt, konnte man ihn bei Willibald besichtigen. Vom Computer bis zum schicken Auto war alles vorhanden. Wie angenehm! Denn das wiederum blieb nicht ohne nachhaltigen Eindruck bei den Mädchen. Willibald lächelte höchstens milde, wenn ein Konkurrent glaubte, ihn mit irgendetwas übertreffen zu können.

Willibald beschloss, einen Beruf zu ergreifen, der ihm viel Macht, Geld und Spaß verschaffte. Er überlegte und sah sich in der Welt um Nach dem Studium von diversen Zeitschriften, Statistiken und Umfragen unter den erfolgreichen älteren Herren im Bekanntenkreis seiner Eltern entschied er sich für das Studium der Ökonomie. Auch wenn Personalwirtschaft und Kostenrechnung überhaupt nicht seine Sache waren, hatte er ein großes Ziel. Willibald wollte Vorstandsvorsitzender eines großen Automobilkonzerns werden, und das möglichst schnell und mit wenig Aufwand.

Sein Studium meisterte der angehende Konzernmanager nach bekannter Manier. Sein Lächeln, sein Auftreten sowie seine Fähigkeit, Freundinnen und Freunde für seine Interessen zu funktionalisieren, machten ihn außerordentlich beliebt und erfolgreich: auch bei den Professoren, denen er unter Mithilfe seiner vielen hilfreichen (weiblichen) Geister durch gute Leistungen imponierte. Ab und zu arbeitete Willibald als Praktikant in verschiedenen Firmen, um seine Mobbing-Kenntnisse zu vervollkommnen. Man konnte nicht früh genug praktische Erfahrungen sammeln!

Eines Tages jedoch, gegen Ende des fünften Semesters, passierte das Unmögliche. Willibald wurde nonchalant aus der Studentenvertretung gemobbt. Eine überaus hübsche, humorvolle und furchtbar kluge Studentin machte ihn platt wie eine Flunder. Mit strategisch exzellent platzierten Aktionen und kleinen Gemeinheiten bugsierte sich Tamara Kaiser auf Willibalds Posten – und ihn ins Abseits.

An diesem Tag ging unser junger Held schwer gebeutelt nach Hause. Was sollte er tun? Im Geiste überlegte, prüfte und verwarf Willibald eine Mobbing-Strategie nach der anderen. Ihm blieb nur eine einzige Chance, und das war die bittere Wahrheit: Retten konnte ihn allein die bedingungslose Unterwerfung.

Willibald duschte ausgiebig, ging zum Frisör, rasierte sich sorgfältig und hängte sich ans Telefon. »Dich krieg ich schon!«, so machte er sich Mut. Schritt eins: totale Unterwerfung! Schritt zwei: zupacken, festhalten und die Kapitulation herbeiführen! Doch der Weg zum Erfolg war ungewöhnlich lang und steinig. Nach einer Woche gab seine Gegnerin zwar widerstrebend, aber immerhin zu, dass sie ihn nett fand. Zwei Wochen später durfte er ihre Hand halten. Sein erstes erotisches Erlebnis mit Tamara musste sich Willibald noch härter erkämpfen. Ganze zehn Wochen dauerte es, bis sie seinen ausgefeilten Liebeskünsten erlag.

Jahrzehnte später:

Nach der Uni ging es mit Willibald steil bergauf. Er gehörte zur Elite des Führungsnachwuchses, mobbte sich über häufige Firmenwechsel tatsächlich an die Spitze eines Konzerns und wurde zum unumstrittenen Lenker des Unternehmens. Auch die erste ernst zu nehmende Konkurrentin seines Lebens schaltete er erfolgreich aus:

Heute sind Willibald und Tamara schon lange miteinander verheiratet. Tamara versorgt die zwei Kinder und lenkt geschickt das gesellschaftliche Leben ihrer Familie. Sie wacht argwöhnisch darüber, dass die beiden Kleinen schon früh auf Kindergeburtstagen und in Ferienfreizeiten zukunftsträchtige Beziehungen zu den Sprösslingen von Regierungsräten, Aufsichtsratsvorsitzenden oder Bundestagsmitgliedern aufbauen. Zwischen Tennisklub, Golfplatz, Kindergarten und Abendempfängen sorgt sie für die Rahmenbedingungen, die ihr selbst, ihrem Mann und den Kindern das weitere angenehme Leben garantieren. Wer aus dem Rahmen fällt und das gesellschaftliche Niveau der Familie unterschreitet, wird gnadenlos zur Seite gemobbt. Die Jugendfreundin zum Beispiel, die sich beim letzten Gartenfest schamlos an Willibald herangeschmissen hat, wird lange auf weitere Einladungen warten müssen, nachdem durch Tamara alle Welt erfahren durfte, dass sie früher einmal für Nacktfotos posierte. Ebenso die übereifrige Sekretärin, die Willibald so gern auf Geschäftsreisen begleitet: Sie ist neuerdings so mit Arbeit zugedeckt, dass sie vor Mitternacht ihr Büro nicht mehr verlässt und kaum mehr auf dumme Gedanken kommt. Oder auch die Geschäftspartner ihres Mannes. Die werden von Tamara – je nach Stand der Verhandlungen – mit Zuckerbrot oder Peitsche bedacht. Jede gute Ehefrau zieht schließlich im Hintergrund an den Fäden für die Karriere des eigenen Mannes. Sicher ist sicher!

Und Willibald? Willibald ist glücklich und zufrieden, denn er hat erreicht, was er wollte. Seinen fünfzigsten Geburtstag verbringt er im Golfurlaub in Marbella – ohne die Familie, denn auch ein Mann braucht einmal Zeit für sich selbst (und seine heimliche Geliebte). Da seine perfekte Ehefrau sowie seine überaus tüchtige Sekretärin ihm in Alltag und Beruf den Rücken freihalten, kann er sich solche Atempausen vom aufreibenden Geschäftsleben gelegentlich erlauben. Zur Eröffnung des neuen Drei-Sterne-Restaurants seines Duzfreundes wird er allerdings nach Hause reisen. Man weiß ja nie, welche einflussreichen Leute man bei diesen Anlässen treffen kann! Im Konzern läuft alles planmäßig. Die junge Führungsmannschaft, die sich in den vergangenen Jahren um ihn geschart hat, funktioniert nach seinen Wünschen. Sollte sich einmal Widerstand regen, kennt Willibald genügend dunkle Geheimnisse aus dem Vorleben seiner Mitarbeiter, um sie unter Druck zu setzen. Die Mitglieder des Aufsichtsrates sind ihm durchaus gewogen, seitdem er einige von ihnen beim letzten Golfturnier durch seine eindeutig dominierende Überlegenheit in aller Öffentlichkeit aufs Äußerste gedemütigt hat. Ohne sportliche Fitness geht es nun mal nicht im Big Business.

So nimmt das Leben seinen Lauf, und Willibald hat alles fest im

Griff. Nur manchmal umweht ihn ein Hauch von Melancholie und Langeweile. Dann erscheint ihm sein Leben allzu perfekt, allzu einfach, allzu widerstandslos. Er denkt an die alten Zeiten zurück, in denen er kämpfen und taktieren musste, und er weiß: Das Leben als erfolgreicher Konzernmanager wird ihn auf Dauer nicht glücklich machen. Ein Mann braucht Herausforderungen, und denen wird er sich stellen. Schon lange spielt Willibald heimlich mit dem Gedanken, eine Politikerkarriere anzustreben. Tamara würde eine respektable Kanzlergattin oder zumindest eine gute Landesmutter abgeben. Er, seine Frau und seine zwei Kinder gemeinsam im Sonnenschein auf einem Wahlkampfplakat – welch herrlich idyllischer Anblick. Und Willibald selbst wäre als gut gebauter, grau melierter Fünfziger das absolute Highlight einer jeden Talkshow. »Willibald Schmidt zu Gast bei Sabine Christiansen!« Das ist es! Die alten Seilschaften, die er schon während der Studienzeit zu knüpfen begann, sind noch intakt. Kleine Gefälligkeiten, berufliche Starthilfen und diskrete Sachspenden zahlen sich irgendwann immer aus. Was spricht also gegen einen Neuanfang?

Willibald Schmidt strebt neuen Zielen entgegen. Wir dürfen gespannt sein, was wir als Nächstes von ihm hören werden. Denn wenn er nicht gestorben ist, dann mobbt er wohl noch heute.

2. Wie mobbe ich richtig? –
Zehn zielsichere Mobbing-Strategien

Was steckt hinter dieser beispiellosen Karriere von Willibald Schmidt? Es sind – Sie erraten es sicher schon – die richtigen »Mobbing-Strategien«. Und damit wären wir beim Kernpunkt unseres Buches angelangt. Auf den folgenden Seiten erläutern wir anhand einfacher Beispiele aus Ihrem alltäglichen Leben die zehn besten Strategien, mit denen Sie durch geschicktes Taktieren zum passenden Zeitpunkt den größten Erfolg erzielen können.

Zur Auswahl der geeigneten Strategie müssen Sie zunächst eine genaue Analyse der Mobbing-Zielperson vornehmen. Grundsätzlich taugt jeder Mensch zum Mobbing-Opfer. Im Berufsleben können Chefs, Kollegen oder Untergebene diejenigen sein, denen Sie Fallstricke legen wollen. In anderen Lebensbereichen bieten sich Verwandte, Nachbarn, Mieter, Freunde oder der Ehepartner an.

Egal was und wer die Zielperson ist, Sie benötigen ein exaktes Bild von Ihrem Gegenspieler, vor allem von seinen persönlichen Eigenschaften. Wichtig sind seine Schwachstellen, Empfindlichkeiten, Lebensumstände, sein Gesundheitszustand, eventuell seine sexuellen Vorlieben, Fehltritte und Qualifikationen. Sehr hilfreich kann es sein, wenn Sie die Freunde und Feinde Ihres Rivalen kennen, um sie notfalls zu Ihren Verbündeten zu machen. Beim Sammeln von verwertbaren Erkenntnissen sollten Sie nichts unberücksichtigt lassen. Vermeiden Sie jedoch schriftliche Notizen, die Ihnen zum Verhängnis werden könnten.

Nachdem Sie ein möglichst vollständiges Bild gezeichnet haben, geht es an die Auswahl der richtigen Mobbing-Strategie. Die zehn wirksamsten Taktiken wollen wir Ihnen nun vorstellen. Wenn möglich, kombinieren Sie mehrere Vorgehensweisen. Je mehr Strategien Sie erfolgreich einsetzen, umso besser behaupten Sie sich. Chefs haben dabei in aller Regel die günstigsten Möglichkeiten, aber auch kleine Untergebene sind nicht chancenlos.

Umarmungsstrategie

Eine Umarmung ist immer eine schöne Sache. Wir umarmen unseren Partner, unsere Kinder, Schwiegermutter, Oma, Freunde, Partner, manchmal sogar unsere Gegner. In den meisten Fällen kommt damit, zumindest vordergründig, eine besondere Wertschätzung zum Ausdruck.

Der Umarmte verbindet mit der Umarmung eine positive Grundeinstellung seines Gegenübers. Diese potenzielle Fehleinschätzung nutzt der gewiefte Mobber mit der hier dargestellten »Umarmungsstrategie« für seine eigenen Interessen aus.

Jede Führungspersönlichkeit von Cäsar bis Bismarck hat die Strategie erfolgreich praktiziert. Auch aus der modernen Politik ist sie nicht wegzudenken. Selbst alle Kanzlerkandidaten des Wahljahres 2002 griffen gelegentlich zu diesem Instrument. Wäre Gerhard Schröder 1998 wirklich Bundeskanzler geworden, ohne seinen Intimfeind Oskar Lafontaine zu umarmen? Und wäre Edmund Stoiber vier Jahre später tatsächlich Kanzlerkandidat geworden, ohne Angela Merkel so lange zu umarmen, bis sie seine Kandidatur befürwortete? Wohl kaum.

Zahlreiche Beispiele für die überzeugende Kraft der Umarmung finden sich darüber hinaus in der Literatur. Der französische Dramatiker Jean Racine lässt in seiner Tragödie *Britannicus* (1669) Nero sagen: »An's Herz drück ich den Feind, doch um ihn zu ersticken.« Ähnlich sieht es der Philosoph Michel de Montaigne in seinem Hauptwerk, den *Essais* von 1580: »Nach Art der Räuber ... umarmen sie uns jetzt, um uns zu erwürgen.«

Was für die ganz Großen gilt, kann für den Normalbürger nicht schlecht sein. Betrachten wir einmal die folgende alltägliche Situation.

Sie bemerken, dass sich eine Gruppe, die für Sie wichtig ist, die Ihnen zuarbeitet oder in die Sie gern integriert wären, gegen Sie organisiert. Es wird immer schwieriger für Sie, sich zu behaupten. Man spricht nur noch das Nötigste mit Ihnen, behandelt Sie meistens wie Luft. Sie werden nicht mehr mit Informationen versorgt und gemieden, wo es nur geht. Ihre Mitarbeiter, Kollegen, Vereins- oder Parteifreunde, vielleicht sogar Ihre Familienmitglieder lassen durchblicken: Sie gehören nicht mehr richtig dazu. Diese Menschen sind wahrscheinlich eifersüchtig auf Ihren Erfolg und stehen unter dem Einfluss Ihres Intimfeindes, der selbst das sein möchte, was Sie sind.

Stecken Sie in einer solchen Situation, müssen Sie sofort reagieren. Setzen Sie sich zur Wehr!

Wie gehen Sie dabei vor?

Ihr vordringlichstes Ziel ist es, die nach innen starke Gruppenbindung zu durchbrechen und dadurch die gesamte Gruppe zu erschüttern. So wird die Gruppensolidarität zerstört und die Quelle Ihrer permanenten Bedrohung erst einmal entschärft. Den größten Erfolg haben Sie, wenn es Ihnen gelingt, den Rädelsführer durch Versprechungen, Ankündigungen, Belohnungen, Geld oder ein gutes Jobangebot auf Ihre Seite zu bringen. Dies ist in der Wirtschaft ein häufig anzutreffendes Verfahren. Bei der zunächst nicht ganz freiwilligen Übernahme von großen Konzernen durch andere Unternehmen soll es vorkommen, dass wichtigen Managern die Entscheidung mit zweistelligen Millionensummen leichter gemacht wird. Bleiben solche kleinen Geschenke wirkungslos, haben Sie immer noch die Möglichkeit, Sanktionen anzudrohen.

Wenn Ihr direkter Widerpart trotz allem hartnäckig ist, weichen Sie auf weniger resistente Gruppenmitglieder aus. Wenden Sie sich einer oder mehrerer Einzelpersonen zu und bauen Sie ein strategisch gutes Verhältnis auf. Setzen Sie diese Personen geschickt für Ihre Bedürfnisse und Ziele ein. Bringen Sie sie systematisch auf Ihre Seite und umarmen Sie sie so lange mit allen Mitteln, bis der Hauptagitator kaltgestellt ist.

Die Umarmungsstrategie eignet sich für alle Lebenslagen, besonders allerdings in der Politik und im Berufsleben. Passen Sie also bei jeder Umarmung auf, denn die Menschen könnten etwas im Schilde führen, was nichts mit Nächstenliebe zu tun hat. Seien Sie umgekehrt stets freundlich, zuvorkommend, hilfsbereit, beflissen, liebevoll, kameradschaftlich, kollegial, einfach menschenfreundlich. Umarmen Sie jeden Freund und vor allem jeden Feind, denn es könnte ein Vorteil für Sie dabei herausspringen.

Loyalitäten verletzen

Stellen Sie sich vor, es fällt langsam auf: Ein Mitarbeiter hat dauernd bessere Ideen und Lösungsvorschläge. Noch schlimmer: Man spricht bereits an höherer Stelle über ihn und seine glanzvollen Erfolge. Eine unerträgliche Situation! Es steht zu befürchten, dass über kurz oder lang alles an Ihnen vorbeiläuft und Sie möglicherweise überflüssig werden. Durch die Schuld des Kollegen erleiden Sie einen Machtverlust und landen irgendwo im Abseits. Eine schockierende Vorstellung! Es steht viel auf dem Spiel. Das können Sie so nicht weiter hinnehmen.

Bieten Sie dem Mitarbeiter keine Chance, sich nach oben zu profilieren. Sobald er den Kopf herausstreckt, blockieren Sie ihn. Verbauen Sie ihm jegliche Möglichkeit, wichtige Kontakte zu knüpfen, die ihm später nützen könnten. Genehmigen Sie ihm keine Reisen zu attraktiven und Erfolg versprechenden auswärtigen Terminen, die seinen Bekanntheitsgrad noch steigern könnten.

Bremsen Sie die Konkurrenz konsequent aus. Für sämtliche publicityträchtigen Aktivitäten beanspruchen Sie die persönliche Teilnahme. Vergessen Sie dabei nie zu betonen, dass man Sie zu »einem Gespräch auf höherer Ebene« eingeladen hat. Auf Befragen geben Sie Auskunft, sonst niemand. Die Einfälle und Überlegungen anderer verkaufen Sie stolz als die eigenen und sparen nicht mit fettem Eigenlob. Bei jeder Gelegenheit machen Sie Ihren Gegner ganz unverfroren madig: »Von dem kommt doch schon länger nichts mehr. Der hat so seine eigenen, privaten Probleme ...« Niemand wird dem widersprechen, solange »der« nicht gerade in der Nähe ist.

Vorsicht ist geboten, wenn Sie sich nicht sicher sind, ob die übrigen Kollegen die Fähigkeiten Ihres Intimfeindes kennen. Dann empfiehlt es sich, die Vorschläge mit der Floskel »wir haben uns überlegt« einzuleiten, die tragende Rolle des Konkurrenten allerdings elegant zu verschweigen. Wenn es jedoch gar nicht anders geht, etwa bei gezielten Nachfragen, müssen Sie ein paar unverbindliche Worte über dessen Können und Kompetenz finden.

Übertragen Sie einem Mitarbeiter keinerlei Verantwortung, sobald aus Ihrer Perspektive zu befürchten ist, dass eine Konkurrenzsituation entsteht. Zusätzlich eingeräumte Befugnisse verleiten ihn nur dazu, Ihrem Einflussbereich weiter zu entgleiten. Die Motivation und die Leistung des Betroffenen werden zwar drastisch sinken, wenn Sie diese Notbremse ziehen. Das ist aber allemal besser, als wenn dieser in der Firmenhierarchie an Ihnen vorbeizieht. Informieren Sie Ihren Mitarbeiter unvollständig oder falsch, halten Sie Informationen zurück. Seien Sie wagemutig. Sollte man Ihnen auf die Schliche kommen, können Sie immer noch leugnen.

Mit diesem Vorgehen müsste es eigentlich gelingen, wieder die Oberhand zu gewinnen. Reichen die Maßnahmen nicht aus, sind neue Instrumente und Methoden gefragt. Verteilen Sie die Arbeitsgebiete neu, insbesondere viel versprechende und zukunftsträchtige Felder, und zwar auf Mitarbeiter, die Ihnen nicht die Schau stehlen können. Verzichten Sie notfalls auf ganze Bereiche, seien sie auch noch so interessant, wenn klar ist, dass der, den Sie als Bedrohung empfinden, der Bessere ist. Wenn Sie es schon nicht sind, dem Lob und Anerkennung der Geschäftsleitung gebühren, dann dem, der eine Gefahr für Sie bedeuten kann, erst recht nicht.

Seien Sie gelassen. Haben Sie keinerlei Skrupel, wenn es darum geht, die Lage unter Kontrolle zu bringen, den eigenen Vorteil im Auge zu behalten und das Machtgefüge zu bewahren. Loyalität als gegenseitige moralische Verpflichtung zwischen Chef und Mitarbeitern ist out, altmodisch und lästig. Gewisse Illoyalitäten haben sich bewährt und gehören zur täglichen Praxis.

Der Rücktritt von Oskar Lafontaine als Bundesfinanzminister im März 1999 ist ein gutes Beispiel dafür, wie partnerschaftliche Zusammenarbeit in Rivalität umschlägt und die ehemaligen Partner dazu veranlasst, sich illoyal dem anderen gegenüber zu verhalten. In seinem Buch *Das Herz schlägt links* begründete Lafontaine seinen Rücktritt mit der Illoyalität des Bundeskanzlers Gerhard Schröder. Dieser wiederum wertete Lafontaines Verhalten als grobe Loyalitätsverletzung und forderte gemeinsam mit den Parteifreunden: »Oskar, jetzt ist Schluss!« Wer von den beiden Kontrahenten besser gemobbt hat, zeigt die Geschichte.

Wechseln wir nun die Perspektive und betrachten die Lage eines Mitarbeiters, der sich – obwohl er klar der Bessere ist – von seinem Chef übergangen, hinters Licht geführt und um den Aufstieg betrogen sieht.

Wie selbstverständlich wird von Ihnen am Arbeitsplatz Loyalität dem Vorgesetzten gegenüber eingefordert. In einer EMNID-Umfrage aus den Jahren 2000 und 2001 ging es um die Aussage: Der Erfolg eines Unternehmens kann erheblich beeinflusst werden vom Grad der Mitarbeiterloyalität gegenüber dem jeweiligen Vorgesetzten. Die Meinungsforscher kamen zu folgendem Resultat: Aus der relativen Zufriedenheit mit den Führungskräften ergibt sich eine hohe Loyalität dem Vorgesetzten gegenüber. Insgesamt 85 Prozent schätzten ihre eigene Loyalität dem Vorgesetzten gegenüber als eher hoch oder sogar als sehr hoch ein. Interessantes Ergebnis am Rande: Die am wenigsten loyale Beschäftigungsgruppe ist die der Beamten. Nur 19 Prozent sind sehr loyal gegenüber ihrem Vorgesetzten, 23 Prozent dagegen illoyal.

Sollten Sie also einmal in eine missliche berufliche Lage geraten, zögern Sie nicht lange. Loyalität kann unter diesen Umständen nicht mehr Ihre Sache sein. Sehen Sie sich berufen, nehmen Sie Ihre gesamtunternehmerische Verantwortung ernst. Haben Sie keine Hemmungen, geschickt am Chef und dessen barockem Führungsstil vorbei zu operieren. Er behindert sowieso nur Ihr Weiterkommen. Zeigen Sie sich nach außen loyal, versäumen Sie aber keine Gelegenheit, ihn schlecht zu machen, auf sein geringes Wissen hinzuweisen und gleichzeitig Ihre eigenen Fähigkeiten hervorzuheben. Eigenverantwortliches Handeln ist gefragt.

Als besonders wirkungsvoll hat sich das Platzieren von Tretminen erwiesen. Haben Sie beispielsweise neuere Informationen oder Daten zu bedeutsamen Vorgängen, lassen Sie Ihren Vorgesetzten ruhig mit den alten Unterlagen in die Verhandlung gehen. Informieren Sie ihn unvollständig oder gar ein wenig neben der Wirklichkeit. Das wird ihn auf Dauer verunsichern und nervös machen.

Versuchen Sie, Termine nicht frühzeitig bekannt werden zu lassen, aus denen sich ein Vorteil für Sie ergeben könnte, damit der Chef die Sache nicht an sich zieht. Notfalls können Sie ihn nachträglich über einige unwesentliche Details informieren. So wird es Ihnen gelingen, einen starken Eindruck bei den Geschäftspartnern zu machen und den ungeliebten Vorgesetzten leise in den Hintergrund zu drängen.

Haben Sie das besondere Glück, bereits Verbindungen zur Unternehmensleitung, etwa zum Vorgesetzten Ihres Chefs, aufgebaut zu haben, nutzen Sie diesen Kontakt bei jeder Gelegenheit. Persönliche Verflechtungen, starke Seilschaften und Fürsprecher sind in jedem Fall wirkungsvoller als der korrekte Weg über den »zuständigen« Chef – und geben ein beredtes Zeugnis von dessen mangelnder Führungsstärke.

Schaffen Sie durch die Umgehung Ihres Vorgesetzten schlanke, effiziente Arbeitsabläufe. Sie brechen damit gleichzeitig überkommene, starre hierarchische Strukturen auf und steigern die Produktivität. Insgesamt werden Sie mit Ihrem Verhalten schnell Sympathien gewinnen und den unausweichlichen Generationswechsel einleiten.

Loyalitäten gibt es in allen Bereichen des menschlichen Lebens, nicht nur im Beruf. Wann immer Sie bemerken, dass die Aktionen Ihres Lebenspartners, des Vereinsvorstandes, des Parteivorsitzenden, Ihrer besten Freundin oder Ihres Kommilitonen gegen Sie gerichtet sind, ergreifen Sie die Initiative und schrecken Sie nicht davor zurück, altbewährte Loyalitätsverhältnisse infrage zu stellen. Das Wichtigste ist Ihr eigenes Wohlergehen. Die Strategie des Loyalitäten-Verletzens wird Ihnen dabei helfen, es zu erhalten.

Ablenkungsmanöver

Die Entlassung des früheren Bundesverteidigungsministers Rudolf Scharping kurz vor der Bundestagswahl 2002 betrachten viele als das Lehrstück eines perfekten Ablenkungsmanövers. Sie bot dem Kanzler die Möglichkeit, Handlungsstärke zu beweisen und gleichzeitig von innen- wie außenpolitischen Problemen abzulenken.

Machen Sie sich diesen geschickten Schachzug zum Vorbild. Die unentbehrliche Strategie der Ablenkung gehört zur Handlungspalette eines jeden talentierten Mobbers. Wenn Vorwürfe oder Affären laut werden, wenn Sie sich in einer schwierigen Phase Ihrer Karriere befinden und wenn sich ein Misserfolg an den anderen reiht, bringen Sie sich am besten aus den Schlagzeilen, indem Sie die Skandälchen Ihrer Mitstreiter publik machen.

Ein gekonntes Ablenkungsmanöver ist die hohe Kunst des Mobbings. Bevor Sie wichtige Energien auf die blinde Selbstverteidigung verschwenden, denken Sie nach und graben Sie etwas aus, für das ein anderer aus Ihrem Umfeld belastet und in die Verantwortung genommen werden kann. Notfalls sind dem Erfindungsreichtum keine Grenzen gesetzt. Es fällt Ihnen bestimmt was ein, aber seien Sie vorsichtig. Setzen Sie die Gerüchte diskret aus dem Hintergrund in Umlauf, ohne dass zu viele Eingeweihte wissen, dass Sie der Initiator sind.

Zudem empfiehlt es sich, nicht persönlich zu den Vorwürfen Stellung zu nehmen, die dann schnell kursieren werden. Sie könnten dadurch aus der Deckung geraten und selbst zum Buhmann werden. Bekunden Sie scheinheilig so lange Solidarität mit dem ins Gerede Gekommenen, bis dieser endgültig aufgibt und resigniert das Handtuch wirft. Zeigen Sie sich anschließend erschüttert über das Geschehen, insbesondere über den Ablauf des Vorgangs.

Die Demontage Ihres Opfers verschafft Ihnen die notwendige Atempause, um die eigenen Probleme aus der Schusslinie zu bringen und die Position wieder zu festigen. Möglicherweise gewinnen Sie sogar noch an Profil, wenn Sie den inszenierten Skandal nur routiniert genug angehen.

Die Wurzeln der Ablenkungsstrategie liegen in der Antike, sie ist seit Tausenden von Jahren erprobt. Ein ausgesprochen markantes Beispiel ist das Schicksal des Philosophen Sokrates. Die Demokraten im alten Athen hatten den Ernst der politischen Krise erkannt und standen vor der Aufgabe, von ihrem eigenen Versagen sowie von den Unzulänglichkeiten des schwachen Stadtstaats abzulenken. Schnell fanden sie in Sokrates den passenden Unglücksvogel und den geeigneten – vermeintlichen – Skandal. Sie beschuldigten ihn, die Jugend zu verderben und neue Götter einzuführen. 399 v. Chr. machte man ihm den Prozess wegen »Gottlosigkeit«. Das Urteil war der todbringende Schierlingsbecher, ein Gift aus dem unreifen Samen des gefleckten Schierlings. Die Ruhe im Staat war wieder hergestellt, allerdings nur kurzfristig. Die Situation verschlimmerte sich, die Demokratie destabilisierte sich weiter. Sokrates erlangte nicht zuletzt durch Platon eine ungeheure Wirkung und wurde zum Mythos. Vom heutigen Standpunkt aus würden wir sagen: Schlecht gemobbt, liebe Athener. Ihr habt das Ablenkungsmanöver nicht konsequent zu Ende gebracht. Sonst hätte Sokrates nicht über den Tod hinaus Rache nehmen können.

Eine gewisse Beharrlichkeit muss der perfekte Mobber schon an den Tag legen, wenn er erfolgreich von seinen eigenen Problemen ablenken will. Das gilt auch für Mobber-Profis in gehobenen Positionen, die manchmal Gefahr laufen, ihre Gegner zu unterschätzen. Als Anfang 2002 an die Öffentlichkeit drang, dass Harry, der jüngste Sohn von Prinz Charles, auf Abwegen wandelte und Haschisch rauchte, versuchte man umgehend, einem Freund die Sache in die Schuhe zu schieben. Der zum Sündenbock Auserwählte und seine Eltern zeigten sich jedoch hartnäckig. Sie stritten alle Vorwürfe ab, der Verdacht blieb an Prinz Harry hängen. Das Ablenkungsmanöver war gescheitert. So amateurhaft sollte man eigentlich nicht vorgehen.

Im Profifußball ist das Prinzip des Bauernopfers alltäglich. Spielt ein Verein um den letzten Tabellenplatz und leert sich das Stadion zusehends von Woche zu Woche, zieht der Präsident die Notbremse: Er sucht einen Prügelknaben und feuert den Trainer. Damit sind – vorerst – alle Schwierigkeiten vom Tisch und die Mannschaft wird befreit aufspielen. Der Erfolg nimmt seinen Lauf. Einem Durchmarsch an die

Spitze der Liga steht nun nichts mehr im Weg. Falls doch, fliegt der nächste Trainer.

Auch das Tennis kann sich mittlerweile dieser Entwicklung nicht mehr entziehen. Die Daviscup-Kapitäne werden reihenweise an die Luft gesetzt, egal, ob sie Boris Becker oder Michael Stich heißen. Auf diese spektakuläre Niederlage folgt ein nicht immer spektakuläres Ablenkungsmanöver. In den letzten fünf Jahren hat der Deutsche Tennisbund nach diesem Muster insgesamt fünf Teamchefs verschlissen.

Am Aktienmarkt sind Ablenkungsstrategien gleichfalls an der Tagesordnung. Gar nicht so selten verursachen Bilanzskandale prominenter Unternehmen weltweites Aufsehen. Vorstandsvorsitzende oder Finanzchefs versuchen, mit künstlich aufgeblähten Gewinnbilanzen oder getarnten Verlusten den wahren, misslichen Zustand ihres Unternehmens zu verschleiern und den Wert der Aktien vor dem Absturz zu bewahren. Manch geldgieriger Börsenzocker verdient sich damit eine goldene Nase. Zunächst wird mehrfach öffentlich betont, wie gut ein Unternehmen doch dasteht, was den Aktienkurs in die Höhe treibt. Kurz vor dem Bekanntwerden der Pleite stoßen die Spekulanten heimlich ihre Aktien ab und fahren einen beträchtlichen Gewinn ein. Ein typischer Mobbing-Tatbestand. Durch die Täuschung werden »ahnungslose« Bilanzexperten und Wirtschaftsprüfer (soweit sie nicht selbst an dem Ablenkungsmanöver beteiligt waren), Anleger und Aktionäre, Kreditinstitute, Versicherungsunternehmen und Fonds hinters Licht geführt. Die Verursacher des Betrugs lenken von einer für das Unternehmen und damit auch für sie vertrackten Lage ab und verbuchen nebenbei noch persönlichen finanziellen Erfolg.

Aber: Wie stümperhaft, drittklassig und verbrecherisch gemobbt. Ein derartiges Kartenhaus stürzt schnell zusammen. Ein totaler Flop. An den Börsen werden Milliardenwerte vernichtet. Das Vertrauen der Anleger ist verspielt und sinkt auf den absoluten Nullpunkt. Auf die Betrüger wartet die Gerichtsbarkeit.

Wesentlich effektiver sind Ablenkungsmanöver im Umfeld der häuslichen Sphäre. Stellen Sie sich vor, Sie haben eine kleine Affäre und sind mit Ihrer Geliebten unterwegs, um ein bisschen Spaß zu haben. Nichts Böses ahnend sitzen Sie in einem schicken Bistro und versuchen, an die Höhepunkte vergangener Tage anzuknüpfen. Aber Sie haben Pech: Eine missgünstige – weil neiderfüllte und eifersüchtige – Nachbarin betritt den Raum und erkennt auf Anhieb die Natur Ihres »Arbeitsessens«. Ihre zwischenzeitlich ins Bild gesetzte Ehefrau erwartet Sie schon mit dem gepackten Koffer in der Hand. Gleichwohl ist der Stand der Dinge nicht hoffnungslos. Jetzt müssen Sie Gas geben. Lassen Sie sich nicht dilettantisch auf unberechenbare Dialoge ein. Drehen Sie den Spieß einfach um. Behaupten Sie, wilde Gerüchte würden die Runde machen, wonach Ihre Frau ein Verhältnis mit dem Tennislehrer habe. Die Dame aus dem Bistro könne eindeutige Hinweise liefern. Nur deshalb hätten Sie sie getroffen. Seien Sie erfinderisch. Machen Sie Ihrer Gattin eine Szene – und nicht umgekehrt. Wenn hier jemand aus der Ehe gemobbt wird, ist das Ihre Frau – nicht Sie. Bald wird sich alles in Wohlgefallen auflösen. Ihre Frau wird einlenken und mit Ihnen bei einem romantischen Abendessen die Versöhnung feiern.

Gerüchtediplomatie

Klatsch und Tratsch ist eine große, weit verbreitete Form der Unterhaltung. Von Gerüchten leben ganze Medienbranchen, natürlich auch in Deutschland. Über den Enthüllungsjournalismus und die sensationslüsterne Boulevardpresse, die bei der Erfüllung der Wünsche ihrer voyeuristischen Leser mit der Wahrheit oft sehr großzügig umgeht, Talkshows, in denen zahnlose, tätowierte Individuen ihr Innerstes nach außen kehren und sich gegenseitig Perversitäten an den Kopf werfen, bis hin zu den großen Tageszeitungen: ein Millionengeschäft ohne viele Skrupel, eine Branche mit immerwährender Konjunktur.

Doch was ist eigentlich ein Gerücht?

Ein Gerücht ist der überlegte, planvolle Versuch, sich durch Indiskretionen, Halbwahrheiten, Vermutungen oder Räuberpistolen aus dem Leben anderer Menschen Vorteile zu sichern. »Herr Meier hat eine zwanzig Jahre jüngere Geliebte« oder »Mein Nachbar geht in den Swinger-Club« sind Beispiele für gern gestreute Gerüchte. Bei der Weiterverbreitung treten oft charakteristische Verfremdungen, sinnentstellende oder aus der Sicht des Weiterleiters gewünschte Veränderungen auf, etwa mit folgendem Ergebnis: »Der Nachbar von Herrn Schmidt geht mit der Geliebten von Herrn Meier seit zwanzig Jahren in den Swinger-Club.«

Die Mittel der Gerüchtediplomatie sind vielfältig und werden gnadenlos eingesetzt: Schrift, Bilder, Sprache, Blickkontakt, Mimik, Gestik. Der Fantasie sind wieder einmal keine Grenzen gesetzt.

Wenn nicht Sie es sind, der die Gerüchte in Umlauf bringt oder inszeniert, müssen Sie ständig Angst vor üblen Geschichten aus der Gerüchteküche oder, bei entsprechender Bekanntheit, vor schlechten Schlagzeilen haben. Sie werden unruhig oder gar nicht mehr schlafen und häufiger als nötig zum Bordeaux greifen. Späte Versuche einer Richtigstellung sind bei Gerüchten wenig wirkungsvoll. Seien Sie demnach auf der Hut. Treten Sie die Flucht nach vorn an. Nur wer selbst tratscht, wird kein Opfer der Gerüchtediplomatie.

Hier allein liegt der Grund für die vielen frei erfundenen Interviews, eigens zusammenkomponierten Fotos und fragwürdigen Zeugenaussagen, die in allen auflagenstarken Zeitschriften und Magazinen zu lesen sind, für die jedoch in fast jedem Fall die stichhaltigen Beweise fehlen. Angriff ist eben die beste Selbstverteidigung!

Ein eindrucksvolles Beispiel war die so genannte Affäre Borer, die vor geraumer Zeit in der Presse hohe Wellen schlug. Der als unbequem und schillernd geltende Schweizer Botschafter in Berlin, Thomas Borer, war samt Gattin vielen in seiner Heimat ein Dorn im Auge. Also dichtete man ihm ein erotisches Abenteuer mit einer unbekannten Schönen an.

Es gab keine Beweise, keine Indizien, sondern nur Gerüchte über den Diplomaten, die auch nicht verstummten, als Borer seinerseits in die Offensive ging. Aber da war das Urteil schon gefallen. Der einstige Stardiplomat wurde von seinem Berliner Posten abberufen.

Im Nachhinein kam es zwar zu einer Rehabilitierung Borers, aus dem eidgenössischen Dienst war er zu diesem Zeitpunkt jedoch bereits ausgeschieden, und ein Imageschaden blieb haften. Borers Nachfolger kam kurz darauf nach Berlin. Auch hier war das Mobbing von Erfolg gekrönt. Das Problem Borer war bereinigt, ein anderer Diplomat sitzt nun auf seinem Posten.

Das zielgerichtete Agieren mit Gerüchten ist ein beliebtes Spiel gegen und auch gemeinsam mit den Prominenten in Gesellschaft, Wirtschaft und Politik. Nehmen Sie sich ein Beispiel an diesen Profis! Gerüchte streuen ist wirkungsvoll und macht Spaß!

Doch warum »Diplomatie«?

Diplomaten sind für ihr besonderes Geschick bekannt, in diffizilen Situationen vorsichtig und wenn nötig sogar auf Umwegen zu arbeiten. Die »Kunst« besteht darin, sich nicht erwischen zu lassen und beim Streuen der Gerüchte am Ball zu bleiben. Steter Tropfen höhlt schließlich den Stein. Je mehr Mutmaßungen im Umlauf sind, desto wahrscheinlicher ist es, dass »irgendetwas hängen bleibt«.

Nehmen Sie sich also Zeit. Sie müssen mit hoher Sensibilität und Feingefühl zu Werke gehen. Die Gerüchtediplomatie bedarf der sorgfältigen Planung und intensiven Vorbereitung.

Zunächst sollten Sie sich über den Zweck Ihrer Aktion genau im Klaren sein, um sodann einen »Wasserträger« auszuwählen, der die skandalösen Nachrichten über Ihren Gegner wohl dosiert in die Öffentlichkeit transportiert. Die Produktion des »Skandals« erfordert viel Fingerspitzengefühl und Kreativität. Lassen Sie sich bei der Zubereitung des pikantesten Gerüchts (deshalb auch Gerüchteküche) nicht aus der Ruhe bringen. Sonst verbrennen Sie sich noch die Zunge, und der Schuss geht nach hinten los.

Vermeintliche »Diskretion« ist eine hohe diplomatische Kunst und das oberste Prinzip, um die Glaubhaftigkeit Ihrer Botschaft zu unterstreichen. Sie ziehen Ihre Komplizen stets exklusiv ins Vertrauen mit der Auflage, die Information für sich zu behalten und keinesfalls an Dritte weiterzugeben. Selbstverständlich binden Sie nur solche Subjekte ein, die sich für Geschwätz und Getuschel bereits einen besonderen Ruf erworben haben.

Es versteht sich von selbst, dass Sie dem zu transportierenden Inhalt mithilfe von Gestik und Mimik die nötige Ernsthaftigkeit verleihen, sei es durch Entrüstung, Betroffenheit oder Freude. Gehen Sie nahe an Ihren Gesprächspartner heran, reden Sie leise auf ihn ein und halten Sie Blickkontakt. Nicht schlecht ist zum Abschluss eine leichte Körperberührung, zum Beispiel ein Schulterklopfen oder ein Handschlag. Achten Sie stets darauf, dass Sie beim Gespräch nicht beobachtet werden, damit man Sie als den Urheber des Gerüchts nicht enttarnen kann.

Welchen »Wasserträger« Sie für den Gerüchtelauf einspannen, hängt wiederum ab von dem Ziel Ihrer Aktion. Manchmal können Sie Ihrem Gegner das Gerücht auch mit einem perfiden Lächeln direkt ins Gesicht sagen! Stört Sie beispielsweise ein Kollege in Ihrer beruflichen Weiterentwicklung, und ist er ein ernst zu nehmender Konkurrent, so empfiehlt es sich, seine Loyalität und Kompetenz durch Gerüchte in Zweifel zu ziehen. Das Aufgreifen von Differenzen aus dem Privatleben wirkt dabei sehr überzeugend: ungeordnete finanzielle Verhältnisse, drei uneheliche Kinder, lautstarker Streit mit der Ehefrau, Beschwerden der Nachbarn wegen Ruhestörung sowie weitere Kleinigkeiten, die normalerweise nicht in den beruflichen Alltag hineindringen, aber bei den Kollegen auf ein ungeteiltes Interesse stoßen.

Charakterisieren Sie Ihren Gegner – möglichst in epischer Breite – als jemanden, der sich während der Arbeit vollkommen verstellt und allen Kollegen etwas vorgaukelt. Die Mitarbeiter und die Vorgesetzten werden verunsichert sein und ihre eigene bisherige Menschenkenntnis infrage stellen. Jeder fahndet nun nach Indizien, die den Wahrheitsgehalt der Gerüchte belegen. Der Gegner steht fortan unter kontinuierlicher, argwöhnischer Beobachtung. Er selbst bemerkt vermutlich diese Verhaltens- und Stimmungsänderungen, entwickelt Nervosität und macht Fehler, die die Gerüchte nur noch bestätigen.

Schon bald wird kaum jemand mehr Kontakt zu Ihrem Intimfeind haben. Alle gehen ihm aus dem Weg. Es wird still um ihn werden. Nach einiger Zeit wird er das Feld räumen und sich nach einem neuen Job umsehen. Sie hingegen haben sich wieder auf die Erfolgsspur gebracht und können auf Ihrer Karriereleiter eine weitere Stufe erklimmen.

Solidarisierungsstrategie

Sind Sie ein Einzelkämpfer? Glauben Sie, Sie sind Ihr bester Anwalt in
eigener Sache? Dann verschwenden Sie Ihre Energien am falschen Ort.
Warum selbst für die eigenen Ziele kämpfen, wenn es auch andere für
Sie tun können? Wer schon einmal in einem Verein oder einer politischen Partei aktiv war, der weiß wie wichtig Seilschaften sind. Es ist
ziemlich naiv zu glauben, man könne bei der Jahresversammlung oder
beim Parteitag einfach aufstehen, ans Pult gehen und eine großartige
Rede halten, um zum Vorsitzenden gewählt zu werden. Ohne Unterstützung aus den eigenen Reihen läuft gar nichts, und um diese müssen Sie sich lange vor dem Wahltag kümmern. Lassen Sie Freunde und
Kollegen die Basisarbeit erledigen, lassen Sie sich tragen von einer Wel-
le bereitwilliger Solidarität, dann können Sie in der großen Stunde des
Erfolgs die Meriten ganz allein und gut erholt für sich einheimsen.

Mit einem Team, das für Sie die Arbeit macht, geht alles leichter, sogar beim Mobbing. Der Umstand, dass Sie eine Gruppe hinter sich und
gegen Ihren Widersacher aufbauen, zeichnet Sie als gewieften Mobber
der Extraklasse aus. Wenn die Mannschaft gegen den Konkurrenten
einmal steht, müssen Sie gar nicht mehr viel unternehmen. Er wird aus
freien Stücken klein beigeben, und Sie sind der Star.

Arbeiten Sie zunächst intensiv an jeder einzelnen persönlichen Beziehung. Kümmern Sie sich um jeden potenziellen Gleichgesinnten
und bauen Sie ein vertrauensvolles Verhältnis auf. So wächst Ihr neuer
»Freundeskreis« zu einer Gruppe von Gefolgsleuten, die Sie von Fall zu
Fall beliebig für Ihre Zwecke einsetzen können.

Bringen Sie die Gerüchteküche zum Kochen. Machen Sie Stimmung
gegen Ihren Kontrahenten, indem Sie Geschichten über ihn erzählen,
die man Ihnen unter vier Augen zugetragen hat. Beteuern Sie aber, dass
alles mit Vorsicht zu genießen sei. Generell gilt für diese Keilphase, immer nur von Dingen zu berichten, die man nicht selbst mit dem Konkurrenten erlebt oder bei ihm gesehen hat, sondern nur vom Hörensagen kennt – oder frei erfunden sind. Das sichert Ihnen eine Rückzugs-
möglichkeit.

Außerdem erhöht es die Glaubwürdigkeit, wenn Sie nicht als An-
schwärzer in eigener Sache auftreten, sondern aus Ihrer Verpflichtung
für den Verein (den Betrieb, die Familie) heraus als Übermittler von
Botschaften fungieren.

Nehmen wir einmal an, es gibt einen unangenehmen Vereinskolle-
gen, der Ihnen den lang erkämpften Vorsitz streitig machen will oder
umgekehrt befürchtet, dass Sie seinen Posten anstreben. Wichtig ist für
den weiteren vorteilhaften Verlauf des Geschehens, dass dieser Mensch
als Außenseiter dasteht und nicht Sie. Er besitzt naturgemäß gewisse
Kontakte zu den Vereinsmitgliedern. Deshalb müssen Sie nun dafür
sorgen, dass seine Leute nicht mehr wissen, wo die Reise hingeht, und
sich sozusagen »führerlos« fühlen. (Es erübrigt sich zu erwähnen, dass
es diese Situation ebenso im Beruf mit Vorgesetzten oder Kollegen
gibt.)

Booten Sie den Konkurrenten konsequent aus mithilfe der Solidarisierungsstrategie. Dies ist die perfekte Ergänzung zur Strategie der
Umarmung. Nur haben Sie hier keine Gruppe gegen sich, die Sie durch
das Herausbrechen eines oder mehrerer Mitglieder vereinzeln wollen.
Durch die Solidarisierung bauen Sie vielmehr selbst ein solches persön-
liches Geflecht auf, um Ihren Gegner ins Abseits zu stellen. Sie sehen,
der geübte Mobber muss immer sein Umfeld und seinen Konkurrenten
genau im Blick halten, um je nach Situation die richtige Strategie zu
wählen.

Zuerst testen Sie, was die anderen von Ihrem Feind halten. Beginnen
Sie mit unverbindlichen und vor allem unverfänglichen Fragen und
Kommentaren. Nach einem Redebeitrag Ihres Gegners können Sie
zum Beispiel Ihren Nachbarn ansprechen und diskret einfließen lassen: »Bei dem Kollegen scheint die Luft raus zu sein. Früher hat der
nicht so viele Fehler gemacht. Wie soll das nur weitergehen?« An der
Reaktion Ihres Gesprächspartners werden Sie schnell erkennen, ob sich
das Engagement lohnt, ihn als Mitkämpfer zu gewinnen, oder nicht.
Darüber hinaus sehen Sie, wie Sie weiter vorgehen müssen. Wenn Ihnen gleich der geballte Unmut und Ärger über die Konkurrenz ent-
gegenschallt, wissen Sie: Bei diesem potenziellen Anhänger brauchen
Sie kein Blatt vor den Mund zu nehmen.

Seien Sie nicht enttäuscht, wenn sich Ihre erste Zielperson als alter Kommilitone des Rivalen herausstellt. Auch das ist eine wichtige Erkenntnis. Und schreiben Sie ihn nicht gleich ab für Ihr Projekt. Oft stecken hinter langjährigen Studienfreundschaften verborgene Feindschaften, die Sie durch gezielte Anreize wieder aufleben lassen können. Zeigen Sie Selbstvertrauen und Zähigkeit. Tragen Sie ruhig etwas dicker auf. Verbreiten Sie mit sorgenvollem Gesichtsausdruck, Sie hätten gehört, der betreffende Kollege würde nicht mehr lange durchhalten. Es gäbe bereits Spekulationen über seine Nachfolge. Wer will sein Herz schon an einen Verlierer hängen? Ihre Wohlinformiertheit ist ein Zeichen von Macht. Schnell wird man bereit sein, Ihnen zu folgen, das sinkende Schiff Ihres Gegners zu verlassen und die alten Solidaritäten gegen neue einzutauschen.

Wenn Sie an diesem Punkt angelangt sind, ist es Zeit, die einzelnen »Vertrauten« zu einem Netzwerk von motivierten und kompetenten Helfershelfern zu verschweißen. Arrangieren Sie gemeinsame Treffpunkte, zum Beispiel am Büffet oder in der Kaffeepause. Es versteht sich von selbst, dass der Gegner dabei außer Reichweite bleibt. Ihrem Netzwerk tut es jetzt gut, wenn seine Mitglieder voneinander wissen, denn die gegenseitige Bestätigung der Meinung und das aufkommende Wir-Gefühl sind sicherere Stabilisierungsfaktoren.

Die straffe Organisation Ihrer Hausmacht liefert eine hervorragende Ausgangsposition, um aus der Deckung zu kommen und bei nächster Gelegenheit die offene Konfrontation, zum Beispiel bei einer anstehenden Wahl, zu suchen. Ihr Gegner wird vielleicht sogar freiwillig das Feld räumen und Ihre Ansprüche akzeptieren, wenn er merkt, dass er das Vertrauen verloren und gegen Sie keine Chancen mehr hat.

Ohne die uneingeschränkte Solidarität Ihrer neuen Freunde hätten Sie die gewünschte Machtposition nicht einnehmen können. Zeigen Sie sich also ruhig ein wenig dankbar und generös, aber seien Sie vorsichtig und nicht zu vertrauensselig. Denn nach wie vor gilt das alte Sprichwort: »Gott schütze mich vor meinen Freunden!«

Spielregeln missachten oder ändern

Am Wochenende spielen Sie mit Freunden »Monopoly« oder »Mensch ärgere dich nicht«. Sie verlieren jedes Spiel. Ihr Ehrgeiz schlägt um in Frustration, in Ihrem Gehirn machen sich gewisse kleine Gemeinheiten und Bosheiten breit. Das Leben könnte so schön sein, wenn Sie nicht eine Niederlage nach der anderen einstecken müssten, und das, obwohl Sie davon überzeugt sind, der geborene Matchwinner zu sein.

Doch an diesem Abend ist Ihnen kein Glück beschieden. Vergeblich versuchen Sie Ihre Freunde zu einem anderen Spiel zu überreden, weil Sie sich davon größere Gewinnchancen versprechen. Die lieben Mitspieler gehen auf den Vorschlag natürlich nicht ein, denn sie befinden sich gerade auf der Gewinnerseite und kosten den Triumph so richtig aus. Alle Anwesenden weiden sich an Ihrer Pechsträhne. Schadenfreude ist eben die größte Freude, und die Menschen können so gemein sein. Das wissen Sie aus eigener Erfahrung nur zu genau!

Dieses mitleidlose Verhalten steigert Ihre Aggressionen ins Unermessliche. Sie fühlen, wie kalte Wut in Ihnen aufsteigt, zeigen sich aber nach außen hin als guter Verlierer. Wie gern würden Sie – wenn Sie könnten – die Spielregeln zu Ihren Gunsten ändern. Aber Regeln, die schwarz auf weiß in der Spielanleitung stehen, sind unangreifbar. Das müssen Sie wohl oder übel akzeptieren.

Da haben Sie es im »Spiel des Lebens« viel leichter! Hier lässt sich jede Spielregel, aber auch wirklich jede, nach Ihren Vorstellungen verändern, anpassen oder einfach ersatzlos streichen. Vielleicht erahnen Sie schon, welche gigantischen Möglichkeiten sich daraus ergeben? Können Sie die Spielregeln erfolgreich manipulieren, werden Sie vom Schauspieler zum Regisseur, und die Ereignisse laufen genau nach Ihren Vorstellungen ab.

Folgende Lebenskonstellationen könnten den Einsatz dieser Strategie unumgänglich machen:

Beispielsituation 1

Nach Jahren des Erfolgs gönnen Sie sich eine kleine Verschnaufpause. Sowohl im Freundes- und Bekanntenkreis als auch im Beruf vernachlässigen Sie vorübergehend Ihre bedeutungsvolle Position. All die Äußerlichkeiten, das viele Geld, die Reputation und die Macht erscheinen Ihnen plötzlich fragwürdig. Sie sind vielleicht krank oder bewältigen gerade eine Lebenskrise und brauchen ein wenig Zeit, um über die wirklich wichtigen Dinge nachzudenken. Das kann jedem passieren und ist vollkommen in Ordnung. Auszeiten sind selbst in der Formel 1 nicht unbekannt. An der sonnigen Côte d'Azur ist es doch allemal schöner, als ständig irgendwo im Kreis herumzufahren. Nicht wahr, Mika Häkkinen?

Beispielsituation 2

Sie hatten noch niemals eine Führungsposition inne, brennen aber darauf, endlich das faule Leben aufzugeben. Anlass für den aufkeimenden Ehrgeiz könnte eine neue, ausgesprochen gut aussehende, zielstrebige und sehr fähige Kollegin sein. Bevor Sie sich von dieser eiskalten Erfolgsfrau überholen lassen, treten Sie lieber selbst den Weg nach ganz oben an. Vielleicht wollen Sie ihr auch nur ein bisschen imponieren. Ein weiterer Grund für den ungewohnten Willen zum Erfolg könnte ein neuer, unbequemer Chef, Vereins- oder Parteivorsitzender sein, den Sie unausstehlich finden und deshalb neutralisieren wollen.

Beispielsituation 3

Sie stecken in einer komplizierten Beziehungskiste. Ihre Partnerin oder Ihr Partner erweist sich als krasser Egoist und unterdrückt all Ihre Bedürfnisse, Wünsche und Hoffnungen. Ihr Leben ist fremdbestimmt, man nutzt Ihre Gutmütigkeit kaltblütig aus. Sie müssen sich wehren, und zwar schnell. Schließlich möchten Sie doch entscheiden, wo es zukünftig langgehen soll, oder nicht?

Greifen Sie an, bevor Ihnen die Luft ausgeht. Ändern Sie die Spielregeln zu Ihren eigenen Gunsten.

Was müssen Sie dabei bedenken, wenn Sie sich in einer dem ersten oder zweiten Beispiel vergleichbaren Situation befinden?

In Ihrem beruflichen Umfeld nutzen einige Mitarbeiter oder Kollegen Ihre momentane Verschnaufpause, um sich selbst zu profilieren. Trennen Sie in einem ersten Schritt Freund und Feind voneinander. Widersacher erkennen Sie daran, dass man Ihnen nicht in ausreichendem Maße Respekt und Anerkennung entgegenbringt. Jeder Rivale neidet Ihnen den persönlichen Erfolg. Das wissen wir aus vielen wissenschaftlichen Untersuchungen. Neidverzerrte Gesichter werden Sie in der Kantine oder bei Besprechungen niemals freundlich begrüßen.

Bleiben Sie cool! Lassen Sie sich nicht anmerken, dass Sie die wahren Motive durchschauen. Ihre Widersacher sollten sich möglichst lange in Sicherheit wiegen. Denken Sie aber ruhig schon einmal über verschiedene Möglichkeiten der »Änderung und Missachtung der Spielregeln« nach. Das verschafft Ihnen eine gewisse Vorfreude auf die kommenden Mobbing-Aktionen.

Nachdem Sie die Gegner – egal ob Chefs oder Kollegen – identifiziert haben, geht es ans Werk. Ab jetzt gilt nur noch das Gesetz des Dschungels. Neue Betriebsabläufe, Weiterbildungsmaßnahmen, Kantinenöffnungszeiten, Termine mit wichtigen Geschäftspartnern, Geschäftsverteilungspläne, die Öffnung der Ausgabestelle für Büromaterial: Diesbezügliche Informationen werden von Ihnen ab sofort an bestimmte Personen nicht mehr weitergereicht. Neuerungen bleiben »zufällig«, »unbeabsichtigt« und »ohne jeden Hintergedanken« auf der Strecke. Geben Sie nur noch fehlerhafte oder unvollständige Anweisungen an Ihre Widersacher weiter und verwahren Sie sich strikt gegen den Verdacht des unkollegialen Verhaltens, falls Sie darauf angesprochen werden.

Man sollte dabei nicht aus dem Auge verlieren, die »verbündeten« Kollegen und Mitarbeiter in die Überlegungen mit einzubeziehen. Sondieren Sie vorsichtig, wem Sie wie weit vertrauen können, und weihen Sie die Komplizen in Ihre strategischen Planungen ein.

Schon bald werden all Ihre Gegner auf dem betrieblichen Abstellgleis

landen, da keiner von ihnen mehr weiß, welche Regeln und Verbind-
lichkeiten gerade gültig sind und welche nicht. Nebulöse Aufgaben-
verteilungen und unklare Zuständigkeiten bringen den Ehrgeiz Ihrer
Konkurrenz schnell zum Erliegen. Während Ihre Kollegen in Hand-
lungsunfähigkeit erstarren, steigen Sie zum unumstrittenen organisa-
torischen Kopf Ihrer Firma auf. Sie bleiben am Ende der Einzige, der
noch durchblickt. Denn Sie sind es ja schließlich, der die Spielregeln
hinter den Kulissen – je nach Erfordernis – für ungültig erklärt oder
manipuliert.

Sie glauben nun bestimmt, dass sich diese Strategie nicht auf eine
Partnerschaft wie in Beispielsituation 3 übertragen lässt? Sie irren! Wir
zeigen Ihnen gleich, wie es geht:

Ihr Partner diktiert den gesamten Tagesablauf: jede Lebensentschei-
dung vom Mittagessen bis zum Urlaub, vom Autokauf bis zur Kinder-
erziehung. Alles läuft nach Regeln ab, die man Ihnen einfach vor die
Nase setzt. Innerlich empfinden Sie dies als Drangsalierung und De-
mütigung. Denn im Grunde wissen Sie, dass Ihre eigenen Vorstellungen vom Leben weitaus ambitionierter sind. Sie versuchen es zuerst mit
einem klärenden Gespräch. Wenn das keine Wirkung zeigt, hilft nur
noch der Umsturzversuch. Stellen Sie die Spielregeln Ihres Alltagsle-
bens auf den Kopf!

Lehnen Sie ab sofort jede vorformulierte Regelung innerlich ab. Machen Sie grundsätzlich das Gegenteil von dem, was Ihr Partner möchte.
Und zwar ohne Ankündigung! Schwören Sie andere Familienangehöri-
ge – Eltern, Kinder, Geschwister – auf die neue Linie ein. Heimlich, versteht sich!

Von nun an ändert sich das Leben Ihres Partners wie folgt:

1. Wenn Ihr Partner morgens gern frische Weißbrötchen isst, kaufen
   Sie nur noch bretthartes Vollkornbrot.
2. Blockieren Sie das Badezimmer durch ausgiebiges Duschen, wenn
   Ihr Partner eine Verabredung hat, zu der er auf keinen Fall zu spät
   kommen darf.
3. Lesen Sie nächtelang im Bett, vor allem dann, wenn Ihr Partner nur
   im Dunkeln einschlafen kann.

4. Hören Sie laute Musik, wenn er sich bei einem Mittagsschlaf erholen will.
5. Kommen Sie grundsätzlich nie zur vereinbarten Zeit nach Hause.
6. »Vergessen« Sie Vereinbarungen wie den gemeinsamen Einkauf, das Rasenmähen oder den Verwandtenbesuch.
7. Liebt Ihr Partner einen faulen Urlaub am Meer, buchen Sie eine Wandertour durch die Alpen oder einen Wildwasserurlaub in Nepal.
8. Laden Sie übers Wochenende bevorzugt solche gemeinsamen Bekannten ein, die Ihrem Partner auf die Nerven gehen.

Wichtig:

Kommen Sie niemals auf die Idee, sich zu entschuldigen oder zu rechtfertigen. Schließlich sind es Ihre Regeln und Gewohnheiten, die fortan das Leben bestimmen, oder?

Wahrscheinlich werden Sie Angst haben vor einer solchen fundamentalen Revolution. Das ist verständlich. Denn Sie beschreiten einen neuen Weg und wissen nicht, wie Ihr Gegenüber darauf reagiert. Aber machen Sie sich keine unnötigen Sorgen. Nach kurzer Zeit werden Sie ein willenloses Opfer an Ihrer Seite haben. Beispiele dafür gibt es genug, auch in der Welt der Prominenten.

Diana, die ehemalige Prinzessin von Wales und Königin der Herzen, war eine Meisterin im Modifizieren von Spielregeln und schaffte es auf diese Weise sogar, Königin Elisabeth II. eine Verbeugung sowie einen Ausdruck des Respekts abzuringen – allerdings erst anlässlich ihrer Beerdigung. Die junge Prinzessin Diana verstieß gegen alle denkbaren Regeln des jahrhundertealten höfischen Protokolls. Sie erlaubte den Medien ungewohnte Einblicke in die Vorlieben und Schwächen eines Royals, berichtete freimütig über Liebschaften, Magersucht, Streitereien und Intrigen der königlichen Familienmitglieder.

Das Überschreiten der üblichen Grenzen machte sie außergewöhnlich beliebt, nicht nur in der britischen Öffentlichkeit, und brachte ihren geschiedenen Ehemann Prinz Charles in Zugzwang. Er, der zwar auch ein Privatleben hinter den Kulissen führte, sich dabei aber an die Spielregel der Verschwiegenheit hielt, wurde von den Medien ebenso wie die vermeintlich »böse« Schwiegermutter für das Leid der Prinzessin verantwortlich gemacht. Was Diana tat, wurde von den Menschen mit Beifall bedacht, was die übrigen Royals auch anstellten, der Ruch des Konservativen und Altmodischen blieb an ihnen haften – nur weil sie die üblichen Regeln des Königshauses befolgten. Der Druck der Diana-Fans war zur Zeit ihres tragischen Todes so groß, dass der königlichen Familie keine andere Möglichkeit mehr blieb: Sie musste sich an die Spitze der Trauernden stellen, die Königin musste ihren Kopf vor dem Sarg verneigen und eine behutsame Modernisierung ihrer »Firma« einleiten. Sonst wären sie unter Umständen noch postum von Diana aus dem Amt gemobbt worden.

Das blaublütige Vorbild beweist: »Spielregeln missachten oder ändern« ist eine grundlegende Mobbing-Strategie in allen Lebensbereichen. Setzt man sie erfolgreich ein, gehört man dauerhaft zur Führungsetage. Die Strategie ist überall da tauglich, wo es lenkbare Spielregeln gibt, zum Beispiel

1. im engeren Freundeskreis,
2. in Schulen und an Universitäten,
3. in Kegel-, Tennis- und Golfklubs,
4. in Selbsterfahrungsgruppen,
5. in Familien mit festen Strukturen,
6. in Parteien und Bürgerinitiativen,
7. bei Kirchenvorständen,
8. in Gesangsvereinen und Karnevalklubs,
9. bei Berufsverbänden,
10. bei Autorengemeinschaften.

Diese Auflistung ist natürlich unvollständig. Es bleibt Ihrem Einfallsreichtum überlassen, in welchem Bereich Sie die Strategie verwenden möchten. Nur Mut, der Erfolg wird Sie belohnen!

Psychoterror

Ja, es ist ein raues Klima, das unser Leben bestimmt. Es existiert wirklich keine schöne heile Welt. Ob in der Nachbarschaft oder im Straßenverkehr, überall lauern Gefahren und Stresssituationen, die das Leben durcheinander bringen. Wer von uns kennt nicht die Worte Wilhelm Tells:

> »Es kann der Frömmste nicht im Frieden leben,
> wenn es dem bösen Nachbarn nicht gefällt.«

Unser Leben wird von Störenfrieden beeinträchtigt, die uns den Erfolg und das Glück nicht gönnen, weil sie es selbst nicht so weit gebracht haben. Sie beneiden uns um unseren Job, unsere Sportlichkeit, unseren attraktiven Partner oder um unsere Schönheit und erotische Ausstrahlung. Diese Menschen können sich einfach nicht mit ihrer allgemeinen Bedeutungslosigkeit und Unscheinbarkeit abfinden. Wir müssen uns gegen sie wehren, damit unser glückliches und zufriedenes Leben nicht beeinträchtigt wird.

Die Mobbing-Strategie des »Psychoterrors« ist hervorragend geeignet, um den zermürbenden Kleinkrieg mit solchen Spielverderbern zu gewinnen. Erprobt ist sie unter anderem in Ehescheidungsverfahren, bei Schwiegermüttern, Lehrern oder auf Busreisen, wenn Ihnen einige Urlauber die Laune verderben.

Psychoterror ist der legitime Einsatz kleiner Fiesheiten und Boshaftigkeiten, um einen zwischenmenschlichen Guerillakrieg für sich zu entscheiden. Es ist sicher nichts Außergewöhnliches, dass Sie einen bestimmten Menschen in Ihrer unmittelbaren Umgebung nicht leiden können, weil er Sie um den Elan bringt, den Sie für ein erfolgreiches berufliches und privates Leben brauchen. Diese Person hindert Sie daran, so zu leben, wie Sie es gern möchten. Sie lässt nichts unversucht, um Ihre Freiheiten einzuschränken und Ihren inneren wie äußeren Frieden zu stören. Skrupel oder falscher Stolz sind in einer solchen Situation völlig unangebracht. Unterwandern Sie die psychische Selbstzufriedenheit Ihres Gegenübers durch kleine, aber durchaus gemeine terroristische Aktivitäten.

Zunächst müssen Sie zäh und akribisch herausfinden, was der notorische Miesmacher am wenigsten leiden kann. Stellen Sie am besten eine Liste zusammen, damit Sie auch wirklich nichts vergessen. Arbeiten Sie die Liste nach den folgenden Gesichtspunkten ab:

1. Geräuschempfindlichkeiten
2. Schönheitsideale
3. Ordnungsliebe
4. Harmoniebedürfnis
5. Musikgeschmack
6. Schlafgewohnheiten
7. Politische Gesinnung
8. Besuchsgewohnheiten
9. Geruchsempfindlichkeiten
10. Geschmacksempfindlichkeiten
11. Hemmschwellen
12. Ruhebedürfnis

Nun stehen Ihnen alle Angriffsmöglichkeiten der Welt zur Verfügung! Ihrer Fantasie sind keinerlei Grenzen gesetzt.

Befassen wir uns einmal mit dem Punkt »Geruchsempfindlichkeiten«. Sie haben Ihren Nachbarn, der Ihnen Ihr hübsches Haus oder Ihr neues Auto nicht gönnt, dabei beobachtet, wie er naserümpfend am Müllauto vorbeigeht, und schon haben Sie den richtigen Ansatzpunkt gefunden. Von folgenden psychoterroristischen Aktionen können Sie sich einen durchschlagenden Erfolg versprechen:

Verlagern Sie den Komposthaufen an die Grenze des anliegenden Grundstücks, möglichst in die Nähe des nachbarlichen Schlafzimmers. Zünden Sie den Gartengrill nur noch mit stinkendem Petroleum an und schaffen Sie sich, wenn es die Rasenfläche zulässt, Schafe oder Ziegen an.

Auf Busreisen empfehlen sich Maßnahmen wie das Auflegen eines penetranten Parfüms, der reichliche Genuss von Knoblauch oder von rezenten Käsesorten. In Seminaren bietet es sich an, auf das Duschen zu verzichten und kein Deo zu benutzen. Sie werden sehen, nur noch Gleichgesinnte halten sich in Ihrer Nähe auf.

Ein weiterer interessanter Punkt der Merkliste ist die Hemmschwelle: Sollten Sie eine gewisse Prüderie bei Ihrem Nachbarn feststellen, planen Sie doch einfach eine Nudistenparty in Ihrem Garten und laden Sie ihn dazu ein. Wenn Ihnen ein solcher Aufwand zu groß ist, sollten Sie jede Gelegenheit nutzen, um schlüpfrige Witze zu erzählen und angeblich geliehene Pornohefte zurückzugeben. Auch das öffentliche Ausbreiten Ihres Sexuallebens kann sehr hilfreich sein.

Psychoterror ist eine Strategie, die oftmals ganz leicht und ohne große Vorbereitungen eingesetzt werden kann: Laute Musik, leere Bierdosen im Nachbargarten, der Gebrauch von Motorsägen in der Mittagszeit oder von Bohrmaschinen in den späten Abendstunden, Nörgeleien, missbilligende Bemerkungen, höhnischer Spott zur rechten Zeit, üble Witze auf Kosten guter Freunde. Sagen Sie Ihrer Nebenbuhlerin in aller Öffentlichkeit, dass ihr die Kleidergröße 48 hervorragend steht. Erkundigen Sie sich gelegentlich bei Ihrem Kollegen, ob er die Schulden für sein neues Auto endlich abgezahlt hat. Geben Sie Ihrem Intimfeind den wohlmeinenden Rat, einfach zuzugeben, dass er ein Verhältnis hat. Solche Geheimnisse würden erfahrungsgemäß nicht lange unentdeckt bleiben. Und deuten Sie an, wie finanziell ungünstig es für ein Scheidungsverfahren ist, wenn man als Schuldiger in die Verhandlung gehen muss.

Gute Ideen gibt es viele. Greifen Sie zu!

Körpereinsatzstrategie

Nein, es geht nicht gleich um das, was Ihnen möglicherweise bei diesem Thema in den Kopf kommt. Zu den Methoden von Marilyn Monroe, der Präsidentengeliebten, und Monica Lewinsky, der Zigarrenprinzessin, kommen wir erst später. Eines jedoch wollen wir schon festhalten: Betrachten Sie Ihr Gegenüber nicht nur als ein vom Kopf gesteuertes, sondern als ein ganzheitliches Wesen mit Gefühlen, sexuellen Bedürfnissen und bunten Träumen.

Von dieser Erkenntnis sollten Sie vor allem dann Gebrauch machen, wenn Sie das Gefühl haben, mit der Kraft des Intellekts allein nicht weiterzukommen.

Sowohl im Beruf als auch im Privatleben können Sie durch gezielten Körpereinsatz im Zentrum der Macht und der Chef im Ring bleiben. Positive Empfindungen nutzen überall. Versuchen Sie aber, die eigenen Gefühle stets im Griff zu behalten und Herr oder Frau des Geschehens zu bleiben. Bauen Sie sich ein sympathisches, attraktives, anziehendes Image auf, dann werden Sie vor allen verwöhnt, geschätzt und geliebt. Hinderliche Strukturen im Beruf sind mit ein wenig Gefühl leicht aufzubrechen. Alte Lieben und neue Eroberungen bleiben dauerhaft, wenn Sie gelegentlich Emotionen zeigen.

Dabei dürfen Sie auf keinen Fall heuchlerisch wirken, streuen Sie lieber ein wenig mehr Sand in die Augen. Zeigen Sie sich einfühlend, bauen Sie eine liebreizende, strahlende Fassade auf, sodass jeder meint, dies sei Ihre »wahre« Natur. Vermitteln Sie durch Kopfnicken, Blickkontakt, ein regelmäßiges »Ja« oder »Hm« Ihr aktives Bemühen um Verständnis. Reden Sie viel, allerdings nicht von sich, sondern von den Vorzügen Ihres Gegenübers. Lassen Sie Ihren Charme sprühen. Niemand wird wagen, etwas Kritisches gegen Sie vorzubringen.

Die von Ihnen liebevoll bedachte Person wird schnell zu der Meinung gelangen, verstanden und geachtet zu werden. Eventuell glaubt sie sogar, dass Sie echte Zuneigung empfinden und aufrichtig besorgt sind. Ihre Ehrlichkeit steht natürlich außer Frage. Selbst vermeintliche Liebesgefühle können ins Spiel kommen. Vergessen Sie bei allem Gefühl aber niemals Ihre eigenen Ziele.

Ein hohes Maß an Einfühlsamkeit ist gefragt, wenn Sie, wie unlängst Stefan Effenberg, einem Rivalen den Partner ausspannen wollen. Am wirkungsvollsten ist es, dessen Schwachpunkte auszunutzen und sich beispielsweise leidenschaftlich zu zeigen, wenn der Konkurrent als unsensibel und nüchtern gilt. Lenken Sie die Sympathie auf sich, seien Sie verbindlich, hilfsbereit, schaffen Sie eine Atmosphäre der Gemeinsamkeit, sodass einer Entscheidung gegen den Vorgänger und für Sie als Nachfolger nichts mehr im Wege steht.

Bei liebesgetönten oder gar darüber hinausgehenden Beziehungen in Betrieben und Verwaltungen – als Fortsetzung der Umarmungsstrategie mit anderen Mitteln – denken Sie bitte daran: Tappen Sie nicht in die Falle! Lesen Sie vorher das Kapitel: »Der Feind in meinem Bett«. Sonst wird es unter Umständen schwierig für Sie, die Übersicht zu behalten.

Ganz gleich, wie intensiv Sie das Spiel mit dem Gefühl betreiben, vom Einsatz und vom Ausdruck des Körpers gehen außergewöhnliche Wirkungen aus. Was liegt also näher, als ihn als wichtiges, wenn nicht sogar zentrales Mobbing-Instrument zu funktionalisieren.

Sicherlich ist Ihnen Samy Molcho ein Begriff! Er ist der berühmteste Pantomime überhaupt und somit ein Experte für den perfekten körperlichen Ausdruck. Sehen Sie sich ruhig einmal Molchos Bildatlas an. Hier lernen Sie, was man mit Händen, Mund, Augen, Beinen, Kopfhaltung, Brustkorbumfang und Hinterteil alles sagen kann, ohne großartig reden zu müssen. Eine sorgsam geschulte Körpersprache erleichtert Ihnen Ihr Mobbing-Leben ungemein! Sie hilft Ihnen auch, gewisse entlarvende Verhaltensmuster wie Unterwerfungsgesten, Unsicherheitshaltungen, Opfersignale, dümmliche Blicke und Langweilerattitüden zu vermeiden.

In einem sehr interessanten Experiment wiesen amerikanische Wissenschaftler nach, dass sich Menschen nach ihren unbewusst gesendeten körperlichen Signalen als Individuen mit bestimmten Fähigkeiten identifizieren lassen. Hierbei spielten sie zwölf verurteilten Verbrechern und Straßenräubern einen Film vor, der sechzig Passanten beim Stadtbummel zeigte. Aufgrund der Gehweise sollten die Raubexperten beurteilen, bei welchem Fußgänger sie keine Gegenwehr erwarten würden.

Als leichte Beute wurden übereinstimmend Passanten eingestuft, die staksige große oder hastige kleine Schritte machten, häufiger zu Boden sahen und die Schultern hochzogen. Fußgänger mit kräftigem Schritt und aufrechter Haltung wurden hingegen als »harte Brocken« beurteilt, mit denen man sich möglichst nicht anlegen wollte.

Jeder von uns weiß im Grunde körpersprachliche Signale richtig zu deuten, durch die sich ängstliche Menschen von selbstbewussten Draufgängern unterscheiden. Eine leise Stimme und ein meist nach unten gerichteter Blick werden als mangelndes Selbstwertgefühl interpretiert. Eine laute, kräftige Stimme signalisiert das Gegenteil. Wer keine Probleme mit seiner Persönlichkeit hat, geht aufrecht und gerade. Der schnelle Schritt demonstriert Tatkraft und Entschlossenheit. Wer unsicher ist und sich nur schlecht entscheiden kann, steht mit hängenden Schultern da, versteckt seine Hände in den Taschen und schleicht sich leise von dannen.

Wenn Sie ein einträglicher Mobber werden wollen, müssen Sie auf Unsicherheitsgesten verzichten. Bemühen Sie sich in Stresssituationen um eine offene Körperhaltung, die Ihre Gesprächs- und Kooperationsbereitschaft deutlich macht. Sehen Sie Ihrem Gegenüber immer direkt in die Augen. Beherzigen Sie die nachfolgend aufgelisteten Mobbing-Grundsätze:

1. Behalten Sie das Objekt Ihrer Mobberbegierde stets im Auge. Weggucken ist tödlich. Beobachten Sie jede Geste und lauschen Sie seinen Worten, damit Sie Aufschlüsse über die Persönlichkeitsstruktur bekommen. Demonstrieren Sie mit den Augen Überlegenheit, indem Sie ein leichtes, kaum wahrnehmbares Lächeln zur Schau tragen.

2. Schauen Sie dem zukünftigen Mobbing-Opfer ab und zu auf die Zähne, den Mund oder das Kinn, um es zu irritieren. Sie werden sehen, das bringt einen bahnbrechenden Erfolg. Nach einigen Minuten fragt Ihr natürliches Gegenüber, warum Sie das tun. Bewahren Sie in dieser Situation Ruhe. Antworten Sie z.B.: »Ich glaube, Sie haben Spaghetti oder andere Pasta gegessen.« Das verunsichert ungemein.

3. Gehören Sie zu den kleinwüchsigen Mobbern – was nicht weiter schlimm ist, denn die erfolgreichsten Frauen und Männer, wie Mutter Theresa oder Napoleon, waren auch nicht sehr groß –, dann sorgen Sie dafür, dass Sie und Ihre Zielperson sitzen. Bekanntlich sind Menschen mit kleineren Körpergrößen Sitzriesen. So können Sie auf gleicher Augenhöhe Ihre Angriffe starten.

4. Körpereinsätze wie Drängeln, Schubsen und Schieben zeigen ein erhebliches Maß an Selbstbewusstsein, man kennt das ja vom Fußball oder vom Eishockey. Es gibt viele Gelegenheiten, Stärke zu zeigen: an Biertheken, beim Einsteigen in den Bus, im Fußballstadion, bei Rock- und Popfestivals, auf der Autobahn, in der Kantine, auf Segelschiffen, in Fußgängerzonen, beim Arbeits- und Standesamt. Das Letztere sollte man allerdings besser meiden, denn hier wurde schon manche Mobberkarriere zerstört.

5. Bei Vorträgen von Konkurrenten bietet sich das Verstricken von anderen Zuhörern in ein Gespräch an. Es zeugt von einem außerordentlichen Ego, wenn man sich traut, den Referenten durch Desinteresse und lautes Dazwischenreden aus der Bahn zu werfen. Wichtig ist hierbei eine flegelhafte Sitzposition, möglichst so, dass der Kopf nur leicht über den Sesselrand hinausragt. Das macht mächtig Eindruck.

6. Weibliche Mobber können Ihre Körperwaffen durch ein entsprechendes Outfit optimieren: Kurze Röcke, enge Kleider, tiefe Dekolletees sowie ein farbenfrohes Make-up verraten Intelligenz, Ehrgeiz, Arroganz und Persönlichkeit.

7. Glatzenträger sind im Vorteil, weil die fehlende Kopfbehaarung Klugheit, Weisheit und Fortschritt symbolisieren. Wer erinnert sich nicht an den kahlköpfigen Sergeant Kojak, der beim »Einsatz in Manhattan« seine beeindruckende Persönlichkeit unter Beweis stellte? Nutzen Sie die Chance, liebe haarlose Mobber, und polieren Sie Ihre Platte, das bringt Punkte auch bei den Frauen.

8. »Tischmanieren sind Luxus«, sagte ein alter Chinese schon vor 5000 Jahren. »Es kommt nur auf die richtige Verdauung an, und die beweist Ästhetik und Bossfähigkeiten.« Pfeifen Sie also auf europäische Gepflogenheiten und sorgen Sie mit der Macht Ihres Körpers dafür, dass Ihnen beim kalten Büffet oder festlichen Abendessen die leckeren Häppchen auch wirklich in den Mund fliegen. Zögern Sie nicht: Schütten Sie Ihrer attraktiven Begleitung den Wein auf das Kleid, bevor Sie Ihnen die letzte Vorspeise wegschnappt. Fahren Sie die Ellenbogen gnadenlos aus, wenn Ihnen der Tischnachbar beim Kampf um das Rinderfilet zu nahe kommt. Essen und trinken Sie

sehr viel, sehr schnell und vor allem sehr geräuschvoll, damit Ihnen
garantiert nichts entgeht – und möglichst wenig für die anderen
Gäste übrig bleibt.

9. Machen Sie Stärken aus Ihren körperlichen Schwächen und nehmen
   Sie sich einen der Autoren dieses Buches zum Vorbild, der ein wenig
   schwerhörig ist. Dreimaliges Nachfragen oder freundliches, interes-
   siertes, aber verständnisloses In-die-Runde-Schauen suggeriert Sach-
   verstand und Kreativität. Jeder Gesprächspartner hat Respekt und Ehr-
   furcht vor so viel Kompetenz. Wir sprechen hier aus Erfahrung.
10. Brillenträger sind prinzipiell im Vorteil, weil Sie als belesen und
    klug gelten. Gescheite Leute tragen Brille. Das war schon bei Sig-
    mund Freud und John Lennon der Fall. Das penetrante Auf- und Ab-
    setzen der Sehhilfe macht Eindruck, ebenso das Drehen der Brille
    um die eigene Achse oder das Festhaltebändchen um den Hals.

Vergessen Sie nie diese Regeln. Denn für den ambitionierten Mobber
ist ein entsprechender Habitus unabdingbar. Die üblichen Mobbing-
Strategien sind zwar bedeutungsvoll, reichen aber allein nicht aus. Auf
die selbstbewusste Körpersprache kommt es an, denn sie ist das silber-
ne Tablett der Selbstdarstellung. Ein guter Mobber verkauft sich als ganze Persönlichkeit: aufrecht, stark, selbstsicher, zielsicher, instinktiv, in-
tuitiv und kreativ. Er benutzt seinen Körper.

Unterwerfungsstrategie

Wenn es Ihre Eitelkeit erträgt, kann ein kleines bisschen Unterwerfung
viel Bequemlichkeit, Erleichterung und Zuwendung einbringen, vor-
ausgesetzt, Sie besitzen ein hohes Maß an schauspielerischen Fähigkeiten. Denn Unterwerfung wird hier als Strategie und nicht als Angstmo-
tiv verstanden. Sie müssen Ihre tatsächliche Überlegenheit geschickt
verschleiern, um durch vermeintlich unterwürfiges Verhalten Vorteile
herauszuschinden.

Wer hilft nicht gerne jemandem, der spürbar schwach und unterlegen ist und somit keine Gefahr als Konkurrent oder Rivale darstellt? Denken Sie daran: Ein Gramm Gefühl wiegt mehr als eine Tonne Verstand. Das Helfersyndrom führt bei den Hilfsbereiten zu einem wonnigen Gefühl, eine gute Tat vollbracht zu haben. So lange dieses Gefühl anhält, können Sie sich entspannt zurücklehnen. Beide Seiten sind zufrieden – das ist doch genial, oder?

Dieses Spielchen wird häufig zwischen den Geschlechtern inszeniert, wenn es um typisch weibliche oder männliche Aufgaben geht. Sie müssen sich im Haushalt nur lange und überzeugend als Mann mit zwei linken Händen gebärden. Schon aus Ungeduld wird Ihre Frau Ihnen bald genug zeigen, was in ihr steckt.

Andererseits wirkt die hilflos entwaffnende Körperhaltung einer Frau während einer Autopanne in unübertroffener Weise. Welcher gestandene Mann würde nicht gerne Flecken im Armani-Anzug riskieren, um dem schwachen Geschlecht in souveräner Manier den Autoreifen zu wechseln? Warum also selbst die Hände schmutzig machen, wenn es auch anders geht?

Auch Ihre geschätzten Berufskollegen werden Sie in Frieden lassen, wenn Sie stets bewundernd zu ihnen aufschauen. Was Sie wirklich über deren Fähigkeiten denken, können Sie getrost für sich behalten.

Selbst die meisten Chefs lieben eine kleine Unterwürfigkeit. Man wird Ihnen gönnerhaft aus sicherer Überlegenheit heraus gerne weiterhelfen und Sie in Ihren zaghaften Karriereschritten wohlwollend begleiten, wenn Sie nach außen hin keinen Zweifel daran lassen, wer in der Hierarchie am höchsten steht.

In den Tempeln der hohen Bildung, den unabhängigen Universitäten, die nur der Forschung und Lehre verpflichtet sind, ersparen Sie sich zeitraubende Prüfungsvorbereitungen durch eine devote Haltung dem Professor gegenüber. Welcher Lehrende wird nicht bei seiner Eitelkeit gepackt, wenn ein ratsuchender Student in der Sprechstunde händeringend um Hilfe fleht. Achten Sie darauf, möglichst überzeugend zu sein, indem Sie zitternde Hände, flatternde Augen und Schweißperlen auf der Stirn zur Schau stellen. Rutschen Sie auf dem Stuhl hin und her und signalisieren Sie durch Ihre unterwürfige Körperhaltung absolute

Ergebenheit. Widersprechen Sie niemals und bedeuten Sie durch eifriges Kopfnicken Ihre bedingungslose Zustimmung. Sie werden sehen, zur Belohnung bekommen Sie augenzwinkernd ein paar kleine Tipps für die anstehende Prüfung. Denn welcher Hochschullehrer möchte schon solch einem entgegenkommenden Prüfling die Karriere verbauen?

Weitere Feinheiten entnehmen Sie bitte Heinrich Manns Roman *Der Untertan*. Dessen Hauptfigur Diederich Heßling ist der Prototyp des Unterwürfigen, der durch eine beispielhaft devote Körperhaltung und eine absolute Autoritätshörigkeit zu beeindrucken weiß. Wenn Ihnen das zu strapaziös ist, schauen Sie sich einen Werbespot mit Verona Feldbusch an, denn »hier werden Sie geholfen«.

Herabsetzung

Gutes Mobbing darf nicht platt und direkt sein, sondern filigran und feinfühlig. Andere zu bedrohen, sie offen und unverschämt zu beleidigen, das lehnen die standesbewussten Mobber als entwürdigend ab. Sie müssen immer subtil bleiben, und das wird besonders dort wichtig, wo es darum geht, den Widerpart auf verbalem Wege dorthin zu verweisen, wo er hingehört: nämlich mindestens eine Stufe unterhalb von Ihnen.

Dabei ist es eigentlich egal, ob Ihr Gegner hierarchisch (beruflich) oder in einer anderen (materiellen, emotionalen) Beziehung über Ihnen, auf ein und derselben Ebene oder unter Ihnen steht. Natürlich ist es am einfachsten, wenn Sie gegenüber einem untergebenen oder weniger einflussreichen Menschen agieren müssen, aber das versteht sich ja von selbst.

Das Ziel lautet, den Antagonisten in seinem Selbstbewusstsein zu erschüttern. Wenn Ihr Gegner von vornherein kein Selbstwertgefühl besitzt, ist die Strategie der Herabsetzung fehl am Platz, da sie nichts einbringen würde. Routinierte Mobber verschwenden ihre Energie nicht auf fruchtlosen Wegen.

Nehmen wir aber an, Ihr momentaner Feind ist ein richtiger Kotzbrocken, ein Emporkömmling, der sich für den Größten, Klügsten und
Erfahrensten hält. Gibt es da nicht ein natürliches Verlangen, ihn in seine Schranken zu verweisen? Die Erfahrung zeigt, dass diese Angeber
überhaupt keinen Grund haben, sich etwas einzubilden. Die selbstver-
liebten, eitlen Besserwisser sind meistens ziemliche Nieten, deren
Schwachstellen Sie nur ausfindig machen müssen.

Der wichtigste Grundsatz ist: Lassen Sie sich nie auf ein niveauloses
Spiel mit völlig haltlosen, banalen oder an den Haaren herbeigezoge-
nen Angriffen, Beleidigungen und Vorwürfen ein. Sie müssen den Gegner dort packen, wo er es auch wirklich spürt. Analysieren Sie, worauf
er sich besonders viel einbildet: sein Können, sein Aussehen, seine Manieren, seine Erfahrung. Oft sind es ganz konkrete Dinge, bei denen
man sich für unschlagbar oder zumindest allen anderen überlegen hält:
der Umgang mit dem Computer, die Beherrschung eines Organisa-
tionsablaufs, das Management der Vereinssitzung, die Ausrichtung von
Familienfesten. Je besser Sie recherchiert haben, je genauer Sie wissen,
wo der andere seine Stärke sieht, desto erfolgreicher werden Sie sein,
genau diese zu zerstören.

Wenn Sie die kleinen Eitelkeiten Ihres Gegners herausgefunden haben, dann fangen Sie bloß nicht an, gleich munter herumzumäkeln.
Damit würden Sie sich selbst rasch ins Abseits manövrieren. Heben Sie
zunächst genau diese Stärken besonders hervor. Aber legen Sie sich
nicht mit zu viel Lob ins Zeug, es geht lediglich darum, allen Umstehenden deutlich zu machen, dass hier die Dinge liegen, bei denen sich
der Betreffende besonders stark und besonders gut fühlt. Lassen Sie
keine Gelegenheit aus, vor Publikum oder im Einzelgespräch, allein
oder in Gegenwart Ihres Konkurrenten darauf hinzuweisen, dass er der
Experte für alle computertechnischen Fragen, für die Vereinsfinanzen
oder die Organisation von Festivitäten sei. Am Anfang müssen Sie das
besonders ernsthaft herüberbringen. Nach und nach darf sich dann ein
leicht ironischer Unterton einschleichen.

Erst wenn Sie merken, dass auch wirklich allen klar ist, mit welchen
vermeintlichen Fähigkeiten Ihre Zielperson ausgestattet ist, dürfen Sie
hier und da Zweifel säen. Jeder macht Fehler, es wäre ein Wunder, wenn

Ihr Gegner eine Ausnahme darstellte. Man muss nur aufmerksam genug hinschauen. Klären Sie ihn über seine »Fehler« zunächst direkt und im Vertrauen auf. Das klingt nach »bestem Freund« oder »bester Freundin«. Beginnen Sie gleichzeitig damit, anderen – wiederum ganz vertraulich – davon zu erzählen. Irgendwann wird man Ihnen selbst das zutragen, was Sie gestreut haben. Dann wissen Sie: Jetzt kann ich offen die Dinge aussprechen. Im Nu haben Sie die Reputation des Gegners ruiniert. Sie haben seine Stärken als Luftblasen entlarvt und seiner Glaubwürdigkeit insgesamt einen Schlag versetzt.

Hier allerdings eine kleine Warnung: Im Familienleben findet diese Strategie viel zu oft Anwendung, und das, obwohl man sie in diesem Umfeld nur mit größter Vorsicht anwenden sollte. Denn gerade in Partnerschaften hat das Herabsetzen nicht selten fatale Folgen und führt zu unschönen Gegenreaktionen, an deren Schluss die Trennung steht. Für das Vereins- und Parteileben erscheint die Strategie dagegen wie prädestiniert. Da gehört es fast schon zum guten Ton, die Mitstreiter abzuqualifizieren. Wer nicht mitmacht, landet schnell in der Versenkung.

Selbst allgemein geschätzte, honorige Persönlichkeiten mit makellosem Image wenden diese Strategie an. Oder wie ist der Hohn des einzigen deutschen Fußballkaisers, Franz Beckenbauer, sonst zu verstehen, den er in Bezug auf Stefan Effenberg an den Tag legt? Nach dessen Wechsel zum VfL Wolfsburg spielte er auf Effenbergs leicht zunehmende Leibesfülle an und verglich ihn, nicht ohne Hintergedanken, mit einer pummeligen Engelsfigur: »Stefan hat geblasen wie ein Blas-Engel.« Soll heißen: Er hat nur dicke Backen gemacht – und mehr herumgeprahlt als Fußball gespielt.

Was des Kaisers würdig ist, darf für den Normalbürger nicht unmoralisch sein. Deshalb stellen wir Ihnen abschließend für alle Gelegenheiten und Menschentypen ein geeignetes Vokabular von A bis Z zur Verfügung, sodass Sie mit nur einem Wort die totale Herabsetzung Ihres Gegenübers erzielen können:

1. Aufsteiger, Amateur
2. Büchsenspanner, Buschkrieger, Blas-Engel
3. Chamäleon

4. Despot, Dorftrottel
5. Emporkömmling, Einfaltspinsel
6. Flachpfeife, Faulenzer
7. Großkotz, Gaukler
8. Hasardeur, Hampelmann, Hochstapler
9. Ideologe, Idiot
10. Jammerlappen
11. Kanaille, Kasper, Kretin
12. Lachnummer, Leisetreter
13. Mauerblümchen, Muttersöhnchen
14. Neureicher, Neidhammel
15. Ödipus, Oberbürokrat
16. Pharisäer, Profiteur
17. Quatschkopf
18. Rambo, Ratte
19. Scharfmacher, Schleimer
20. Trittbrettfahrer, Tagedieb
21. Umstandskrämer
22. Vagabund
23. Wasserträger, Warmduscher
24. Xanthippe
25. Yuppie
26. Zuträger, Zurschausteller

Die Summe aller Mobbingregeln: Die Königsstrategie

Vor etwa hundert Jahren machte der norwegische Zoologe Thorleif Schjelderup-Ebbe eine interessante Beobachtung. Er untersuchte rund 1900 kleine Zänkereien, wie sie sich tagsüber auf einem Hühnerhof abspielen, und stellte fest, dass es gewisse Gesetzmäßigkeiten gab. Er beschrieb dieses Kräfteverhältnis ausführlich und nannte es: Hackordnung.

Ein Huhn ist allen anderen Hühnern überlegen. Dieses Alpha-Huhn darf die übrigen Hühner ungestraft hacken und wird selbst von keinem Huhn gehackt. Das Huhn mit dem nächsthöheren Rang heißt logischerweise Beta-Huhn und wird nur vom Alpha-Huhn gehackt, darf aber – abgesehen von diesem – wiederum alle nachrangigen Artgenossen hacken. So geht die Rangfolge bis zum bedauernswerten Omega-Huhn, dem letzten Glied der Hackordnung, das von allen Hühnern gehackt wird, sich aber in keinem Fall zur Wehr setzen darf.

Die gesellschaftliche Stellung des Hühnerhofes ist weltbekannt geworden. Sie durchzieht das gesamte Tierreich. Nicht sehr weit davon entfernt ist eine Besonderheit des traditionellen japanischen Essens, die manchen Europäer befremdet. Während man genussvoll darauf wartet, von einer mit einem Kimono umschnürten Geisha ein weiteres mundgerechtes Häppchen des köstlichen marinierten Fleisches vom heißen Stein serviert zu bekommen, können das Mahl und der schöne Abend, den man noch vor sich wähnt, ein abruptes Ende finden. Wenn nämlich der Gastgeber den Hunger oder die Lust am Essen verliert, steht er einfach auf und gibt damit das Zeichen zum Aufbruch, ganz gleich, ob seine Gäste schon gesättigt sind oder nicht. Wenn man so will: eine kulinarische Hackordnung, bei der der Alpha-Gourmet bestimmt, wie viel und wie lange die nachrangigen Feinschmecker probieren dürfen.

Überhaupt scheint diese Struktur in allen menschlichen Gruppen vorhanden zu sein. Jeder möchte als Alpha-Männchen an der Spitze stehen, und alle versuchen, möglichst nicht zum Omega-Typ zu werden, auf dem die Menschen beliebig oft herumtrampeln. Besonders rasch entwickeln sich Hackordnungen in Studentenheimen, Familien, Schulklassen, in Behörden und – wie Wissenschaftler festgestellt haben – in Altersheimen.

Als neues Mitglied in einem Heim wird man automatisch zum Omega-Alten. Denn die Privilegien sind längst klar verteilt: Die besten Räumlichkeiten gehören den Bewohnern mit den ältesten Rechten. Die Pflegekräfte haben bereits ihre Lieblingsalten. Das warme Essen bekommen nur Bevorzugte. Beim Fernsehen sitzen die Alpha-Alten in der ersten Reihe.

Stellen Sie sich nun folgendes Horrorszenario vor:

Sie kommen in ein Altersheim und besitzen keine Vergünstigungen. Alle guten Plätze sind belegt, sogar der Platz in der Sonne des Ruhestandsparks. Ihnen bleibt nur ein Schattendasein: schlechtes Wohnen, kaltes Essen, unfreundliche Pflegekräfte, schreckliche Blumen, schauderliche Zimmernachbarn, ein dämliches Fernsehprogramm und ermüdende Beschäftigungstherapien. Hilflos müssen Sie erdulden, wie Sie zum Verlierer innerhalb der altehrwürdigen Pensionärsgemeinde werden. Und irgendwann fragen Sie sich: Warum war ich nur früher so erfolgreich? Wie habe ich es geschafft, immer oben an der Spitze zu stehen?

Prompt erinnern Sie sich an all die Mobbing-Strategien, die Ihnen in Ihrem Berufsleben oder in Ihrer sonstigen aktiven Zeit nützliche Dienste geleistet haben.

Sie überlegen: Was damals förderlich war, muss auch an meinem Altersruhesitz vorteilhaft sein. Sie fangen an, Pläne zu schmieden.

Ganz einfach ist die Angelegenheit nicht, denn Sie müssen sich in Ihrem neuen Mobbing-Betätigungsfeld gegen zwei Gruppen durchsetzen. Auf der einen Seite stehen die Mitbewohnerinnen und Mitbewohner, auf der anderen die Ressourcenverwalter: die Pflegekräfte, die Putzfrauen und das Küchenpersonal.

Es geht demnach nicht ohne Bestechung. Das hierzu notwendige Material – Geld, Zeitungen, Bücher, Parfüm, Schokolade, Zigaretten, Weinflaschen – müssen Ihnen die lieben Verwandten ins Heim schmuggeln.

Keine leichte Aufgabe, die Sie da vor sich haben. Glauben Sie erfahrenen Mobbern wie den Autoren!

Welche Strategie könnte die Erlösung bringen?

Eigentlich helfen alle Mobbing-Strategien, vom Psychoterror bis zur Umarmung. Nur das allein wird nicht ausreichen, weder im Berufsleben noch im Altersheim.

Eine hungrige Meute von Unternehmensberatern, Führungskräftetrainern und Psychoklempnern versucht, Mobbing-Geschädigten Hilfe für alle Probleme des beruflichen und privaten Alltags aufzuschwatzen. In Seminaren schwirrt die heiße Luft nur so von bizarren Techniken, der »Teamorientierung« sowie der Optimierung unserer »sozialen Kompetenz«. Doch noch nie waren die Tipps so wertlos wie heute. Denn die reale – selbst die virtuelle – Welt funktioniert nicht nach dem Prinzip Friede, Freundschaft, Eierkuchen, sondern nachweislich nach dem alttestamentlichen Spruch: Auge um Auge, Zahn um Zahn.

Kriege, Scheidungs-, Erbschafts- und Nachbarschaftsstreitigkeiten, der Verkehr auf der Autobahn, sogar die Reibereien im Sandkasten legen ein beredtes Zeugnis für diese christliche Erkenntnis ab.

Die wahre Sozialkompetenz, das kann uns kein Gutmensch ausreden, setzt sich aus einem Mobbing-Mosaik zusammen, dessen Grundbausteine die zehn Mobbing-Strategien darstellen, die wir auf den vorangehenden Seiten entwickelt haben. Nur wer diese richtig miteinander kombinieren kann, besitzt die wahre Sozialkompetenz, denn er beherrscht die Königsstrategie des Mobbings.

Durch die Bündelung sämtlicher Mobbing-Strategien zur Königsstrategie können komplexe Vorgänge wie das Überleben im Altersheim oder der Weg vom Jungpolitiker zum Bundeskanzler besonders gut gemeistert werden. Scheuen Sie sich also niemals, bei einem Problem parallel

1. Gerüchte zu streuen,
2. Spielregeln zu ändern,
3. den Gegner zu umarmen,
4. Ablenkungsmanöver zu fahren,
5. Loyalitäten zu verletzen,
6. einen Emporkömmling herabzusetzen,
7. psychoterroristisch tätig zu werden,
8. den Intimfeind zu unterwerfen,
9. Ihren Körper einzusetzen,
10. sich zu solidarisieren.

Die Königsstrategie bedarf langjähriger und intensiver Erfahrungen in den einzelnen Mobbing-Strategien. Wer sie beherrscht, spielt in der Champions League des Mobbings und findet Zugang zum Olymp der Supermobber. Doch nur wer alle Strategien von der Gerüchtediplomatie bis zum Psychoterror als Einzelmaßnahme perfekt eingeübt hat, darf sich an die Kombination aller Techniken wagen und sie zur Königsstrategie vereinen. Dabei sollten Sie wie folgt vorgehen:

Kombinieren Sie zunächst nur ein oder zwei Strategien, zum Beispiel die sich gut ergänzenden Taktiken der Umarmung und Unterwerfung. Im nächsten Schritt bauen Sie vielleicht den Psychoterror ein, im weiteren Verlauf vielleicht ein kleines Ablenkungsmanöver, einige neue Spielregeln und ein paar gemeine Gerüchte. Gehen Sie vor wie beim Pyramidenbau: Legen Sie sich zuerst eine breite Erfahrungspalette zu und schrauben Sie das Niveau langsam, Schritt für Schritt in die Höhe. Sie werden sehen: Bald werden Sie der König aller Mobber sein!

Die Königsstrategie ist vor allem für folgende Problemsituationen geeignet:

1. Sicherung einer Führungsposition im beruflichen oder öffentlichen Leben
2. Wunsch auf Postenübernahme im Vereins- oder Parteileben
3. Sicherung von Privilegien im Urlaub (Liegestuhl, Hotelservice)
4. Förderung der Karriere in Kindergarten, Schule und Universität
5. Sicherung des angenehmen Lebens im Altersheim
6. Scheidungsverfahren
7. Ausbau der Verantwortungsübernahme im beruflichen und öffentlichen Leben
8. Erbschaftsangelegenheiten in der Familie
9. Bedrohungen des Familienlebens durch Terror in der Nachbarschaft
10. Erpressungen, Verunglimpfungen und Feindseligkeiten böser Menschen
11. Wohnungs- und Arbeitsplatzsuche bei knapper Marktlage
12. Hinterhältige Aktivitäten vermeintlicher Freundinnen und Freunde (Fremdgehen, Ausspannen des Liebhabers usw.)
13. Alle Gemeinheiten von Neidern, Eifersüchtigen und anderen Extremisten

Wir haben nun die wichtigsten Mobbing-Strategien vorgestellt und aufgezeigt, was das Ziel des ambitionierten Mobbers sein sollte: Das Erlernen der Königsstrategie, damit er jeder auch noch so komplexen Herausforderung des alltäglichen und beruflichen Lebens gewachsen ist.

Aber nicht immer ist es wirklich notwendig, die Königin aller Strategien anzuwenden. In vielen Fällen, so konnten wir zeigen, reicht der Einsatz einer einzigen Technik aus, um einfache Probleme zu lösen und den Gegner zum Mobbing-Opfer werden zu lassen. Außerdem gibt es viele passionierte Mobber, die eine bestimmte Strategie bevorzugen, sie sozusagen zum Markenzeichen ihres Handelns und ihrer Persönlichkeit machen. Solche Mobbertypen zeichnen sich durch bestimmte äußerliche und charakterliche Eigenschaften aus, die wir im Folgenden darstellen möchten. So können Sie im Alltag leicht erkennen, mit wem Sie es zu tun haben – und mit welchen Tricks Sie beim Mobbing rechnen müssen.

Der Atemlose

Workaholic. Sein Schreibtisch ist ein Schlachtfeld, sein Terminkalender ein Labyrinth. Hetzt von einem Termin zum nächsten, hört ungern zu, lässt sich nicht gern belehren und kommuniziert in Kürzeln. Sucht sich immer die besten Ratgeber, da er Menschen streng analysiert. Setzt den Mitmenschen zu hohe Ziele, frustriert daher jedermann auf seine geniale Art. Chaos und Hektik sind seine Kampfgenossen.
Bevorzugte Strategie: Spielregeln ändern.

Der Showmaster

Gut aussehend, gebildet, witzig. Tadellose Manieren, gediegener Geschmack, einnehmendes Wesen. Kommunikationsgenie und Beziehungskünstler. Keine Feier ohne den seriösen Blender, am liebsten als Hahn im Korb. Begnadeter Namedropper. Kennt Gott und die Welt, erzählt gern aus seinem Leben.
Bevorzugte Strategie: Umarmungsstrategie.

Der Stratege

Großer Taktierer. Sichert sich nach allen Seiten ab. Wenn etwas schief geht, präsentiert er sofort einen Schuldigen, aber natürlich nie sich selbst. Kontrollfreak. Delegiert gut und gern. Zeigt sich kreativ und innovativ, weil er beide Eigenschaften für erfolgversprechend hält. Dieser Mobbertyp erreicht nie ganz die Spitze, denn er verfängt sich leicht in den Wirren seines Strategiespiels.
Bevorzugte Strategie: Ablenkungsstrategie.

Der Geniale

Tourt durch alle Lebensbereiche. Verschafft sich stets einen Überblick über potenzielle Verbündete. Bildet Stammtische in der Kantine und Seilschaften hinter den Kulissen. Wirkt sehr konzentriert und aufmerksam. Für Feinde die Pest. Sein Leitmotiv: Jeder bekommt das, was er verdient.
Bevorzugte Strategie: Solidarisierungsstrategie.

Der Taktierer

Spricht leise, kryptisch, weil er nie beim Wort genommen werden will. Sein Händedruck ist seicht und unaufdringlich. Besticht in Konferenzen durch gezieltes Schwadronieren. Extrem entscheidungsfreudig. Denkt immer in soliden Winkelzügen, zeigt niemals Emotionen, macht keine Fehler. Hält sich gern in Parteien, Gewerkschaften und Verwaltungen auf. Kein wirklich harter Mobber, da er von zu vielen Menschen geliebt werden möchte.
Bevorzugte Strategie: Unterwerfungsstrategie.

Der Pfau

Ein liebenswürdiger Narziss mit Hang zur nachteiligen Rachsucht. Selbstdarstellungskünstler, nicht ohne eitle Züge. Modischer Trendsetter, immer auf der Höhe der Zeit, meist von Bewunderern umgeben. Der Mittelpunkt des Smalltalks auf Partys, bei Empfängen sowie am Rande von Besprechungen und Tagungen. Wer sich nicht mit Haut und Haaren seiner sektenähnlichen Mobbergemeinschaft verschreibt, wird über kurz oder lang gefeuert.
Bevorzugte Strategie: Körpereinsatzstrategie.

Der Moralist

Als Phänotyp unserer Zeit auch in der Beletage zu finden. Ein echter Philosoph unter den Mobbern. Arbeitet gern mit den Humanfaktoren Neid und Niedertracht. Hat stets Lust auf Zerstörung und weiß seine Mitmenschen geschickt zu funktionalisieren. Liebt Klatsch als legitimes Mittel zum Erfolg. Typische Körperhaltung: eifrige, schnelle Mundbewegungen hinter vorgehaltener Hand.
Bevorzugte Strategie: Gerüchtediplomatie.

Das Chamäleon

Wechselt pro Tag zwanzig Mal seine Ansichten und Vorstellungen. Verkauft diese charakterliche Flexibilität als Innovation. Liebt gute Weine und Salate, neigt zu roter Gesichtsfarbe. Scheint immer ein wenig nervös, wohl aus taktischen Erwägungen. Eher der unverheiratete oder mehrfach geschiedene Typ. Charmant, hilfsbereit, aber chronisch unzuverlässig.
Bevorzugte Strategie: Loyalitäten verletzen.

Die Ratte

Verbeißt sich gern in die Eigenarten anderer Menschen, macht diese zum Ausgangspunkt der Mobbing-Aktivitäten. Nutzt die Schwächen seiner Mitmenschen gnadenlos aus, lässt niemals locker. Bevorzugte Freizeitaktivitäten: Feuerwerks- und Sprengseminare, Herumschnüffeln, üble Nachrede.
Bevorzugte Strategie: Psychoterror.

Der Machtmensch

Der wohl beste Mobber. Ein guter General mit herausragenden Führungsqualitäten. Der klassische Siegertyp. Sein taktisches Verhalten ist nicht kalkulierbar. Intrigen liebt er über alles, besonders die genialen. Verlangt absolute Gefolgstreue und belohnt seine Anhänger. Besitzt natürliche Autorität, gestützt durch seine allgegenwärtige körperliche Präsenz. Wo dieser Mobber hobelt, fallen tatsächlich Späne.
Bevorzugte Strategie: Königsstrategie.

Exkurs: Am Anfang war das Mobbing – Kleine Weltgeschichte des Mobbens

Lassen Sie sich nicht täuschen. Mobbing ist zwar ein neues Wort, aber das, was dahinter steht, ist so alt wie die Welt. Seit es Menschen gibt, die miteinander leben, gibt es auch Konflikte, die das Miteinander unerträglich gestalten. Denn seit dem Tag, an dem die Menschen ihr wildes Einsiedlerdasein aufgaben und sich in Gesellschaften organisierten, gibt es Streit: Streit um die gerechte Verteilung der Pfründe, um Macht, Geld, Vorteil, Liebe und Eigentum, wobei »gerecht« nicht mehr bedeutet als »im Sinne des Besitzers«.

Wir sagten es schon: Neid, nicht Geld regiert die Welt. Und Neid entsteht immer dann, wenn von mindestens zwei Menschen einer etwas mehr besitzt als der andere. Der Mensch ist missgünstig, seitdem er seinen Mitmenschen kennt. So gesehen ist der Neid keine Begleiterscheinung der Moderne, sondern der Ursprung aller menschlichen Konflikte. Neid ist die Triebfeder unserer Geschichte – und Mobbing ihr Grundprinzip.

Die Mächtigen dieser Welt haben das kapiert. Ob im Staat, in der Politik, der Kirche oder der Wissenschaft, wer es zu was gebracht hat, hat auch gemobbt. Viele Berühmtheiten haben so geschickt gemobbt, dass es niemand gemerkt und daher auch niemand aufgeschrieben hat. Von anderen wiederum wissen wir genau, wie sie im Wettstreit um Macht und Einfluss vorgegangen sind. Und da wir der Meinung sind, dass ein Mobber wie jeder gute Mensch aus der Geschichte lernen sollte, wollen wir die Erfolgsgeschichte einiger Persönlichkeiten nachzeichnen.

Richten wir nun, bevor wir uns in die Niederungen des heutigen

Mobbing-Alltags begeben, den Blick auf die Geschichte der ganz Großen unter den Mobbern und schreiben eine kleine Weltgeschichte des Mobbings.

Adam und Eva

Wer die Bibel genau liest, bemerkt schnell, dass die Geschichte von Adam und Eva nichts anderes ist als die erfolgreiche Umsetzung einer ganz pfiffigen Mobbing-Idee. Eva mobbte nämlich Adam, indem sie ihn, nach angeblicher Beratung durch eine Schlange, mit der verbotenen Frucht verführte. Wie Sie schnell erkennen werden, war das ein klassischer Fall der so genannten Ablenkungsstrategie, denn Eva verschaffte ihm einen kurzfristigen und unbedeutenden Vorteil, der jedoch langfristig für Adam nur Nachteile brachte.

Wo aber lag der Vorteil für Eva? Sie flog doch auch aus dem Paradies! Nun, dazu müssen Sie die Sache genauer durchdenken und die scheinbar paradiesischen Verhältnisse von damals auf die heutige Situation übertragen. Nehmen wir an, Sie sind Eva. Ihr angetrauter Adam sitzt permanent zu Hause auf dem Sofa, hängt an Ihrem Rockzipfel und belästigt Sie 24 Stunden am Tag mit seiner Anwesenheit. Er muss ja nicht einmal zur Arbeit gehen, weil sein Gehalt jeden Monat von der Paradiesverwaltung überwiesen wird. Sie haben keine freie Minute, ständig geht Ihnen Adam auf den Geist und meint auch noch, er sei der ideale Ehemann, weil er sich permanent um Sie kümmert. Würden Sie in einer solchen Zwangslage nicht versuchen, eine Beschäftigungstherapie für den geliebten Ehemann zu finden? Sie müssen schnellstens dafür sorgen, dass er jeden Morgen zur Arbeit, abends mit seinen Kumpels ein Bier trinken und danach noch mit dem Hund spazieren geht, damit Sie bald wieder Ihre Ruhe haben.

Eva hat nichts anderes gemacht, als dafür zu sorgen, dass Adam tagsüber aus dem Verkehr gezogen ist und sie ihre Freiheit behält. Auf dem

Feld und in der Werkstatt brauchte sie als Frau nicht zu arbeiten, so blieb ihr jede Menge Zeit zur Selbstverwirklichung. Der erste Mobbing-Akt der Menschheitsgeschichte durch Eva war somit gleichzeitig die einzige ernst zu nehmende, weil wirklich erfolgreiche Emanzipation in der Geschichte der Frauenbewegung.

Unser biblisches Vorbild würde sich wahrscheinlich an den Kopf fassen, wenn es zuschauen könnte, wie ein paar tausend Jahre später die Frauen dafür kämpfen, in den Fabriken schuften und mit den Männern in den Krieg ziehen zu dürfen!

David gegen Goliath

Die Geschichte von David gegen Goliath wird immer als beispielhaft für den Aufstand der Schwachen gegen den übermächtigen Großen erzählt. Das klingt so, als ginge es um den Sieg des Guten über das Böse. In Wahrheit ist der Kampf von David gegen Goliath jedoch eine nahezu perfekte, wenngleich archaische Mobbing-Situation.

Was geschah damals, vor ungefähr 3000 Jahren? König Saul versprach die Hand seiner Tochter Michal demjenigen, der seinen mächtigsten Gegner, den Riesen Goliath, tötete. Dabei hatte er keineswegs einen romantischen Wettstreit um den würdigsten und tapfersten Schwiegersohn im Kopf, sondern eine kriegerische List. Der König war kein unschuldiges Opfer des bösen, übermächtigen Riesen, denn er hatte selbst viele seiner inneren und äußeren Feinde auf grausame Weise beseitigt. Nur gegen Goliath konnte er allein nicht ankommen. Deshalb suchte er jemanden, der die schmutzige Arbeit für ihn erledigen würde. Und dieser Jemand sollte der zukünftige Ehemann seiner Tochter sein.

David, ein einfacher »kleiner« Mann aus einer Bauernfamilie, übernahm die Aufgabe und brachte den Riesen mit einem gezielten Steinwurf zur Strecke. Saul belohnte ihn wie vereinbart. David avancierte vom Komplizen zum Schwiegersohn, heiratete die Königstochter und fand Zugang zur gesellschaftlichen Elite seiner Zeit. Mehr noch: Nach dem Tod von König Saul stieg er selbst auf den Thron.

Die Geschichte liefert aus mobbing-theoretischer Sicht eine wichtige Erkenntnis: Man muss nicht unbedingt denjenigen beseitigen, dessen Platz man einnehmen möchte. Manchmal ist es ratsamer, sich scheinbar zu unterwerfen, ein vermeintlich loyaler Diener seines Herrn zu sein und dies durch eine wirkungsvolle Geste der Unterstützung in aller Öffentlichkeit unter Beweis zu stellen. Steht man einmal in der Gunst des Königs, kann man gelassen im Hintergrund agieren und den geeigneten Moment der Machtübernahme abwarten.

Im Übrigen hat Mobbing nichts mit Kraft und Körpergröße zu tun. Die kleinsten Wichte können sich als die größten Widersacher entpuppen. Goliath musste das schmerzhaft erfahren. Deshalb: Immer wachsam sein! Fallen Sie nie auf die Unterwerfungsstrategie herein.

Kleopatra

Die Geschichte von Kleopatra, die zwischen 69 und 30 v. Chr. im Land der Pharaonen für Erregung sorgte, ist in gewisser Hinsicht ein analoger Mobbing-Fall zu David und Goliath. Als Schwester von König Ptolemäus gehörte sie im Unterschied zu David bereits zur herrschenden Elite, ihr Ziel war aber das Gleiche: Sie wollte den Thron besteigen, und zu diesem Zweck verbündete sie sich mit dem äußeren Feind.

Kleopatra machte Julius Cäsar, den mächtigsten Mann im römischen Weltreich, zu ihrem Helfershelfer. Die Gelegenheit war günstig, als Cäsar im Jahr 51 v. Chr. nach Ägypten reiste, um mit dem dortigen Herrscher zu verhandeln. Ptolemäus war ein zwölfjähriger Junge, der von seinen Beratern, der älteren Schwester Arsinoe und dem Minister Pothinus, gesteuert wurde. Ein solch schwacher ägyptischer König lag natürlich ganz im Interesse Cäsars. Dennoch änderte er seine Meinung.

Der Feldherr hatte nicht mit Kleopatra gerechnet. Die Sophia Loren des damaligen Ägyptens setzte ganz auf die Waffen einer attraktiven Frau und umgarnte Cäsar, bis ihn die Leidenschaft wie ein Schlag traf. In Liebe entflammt verhalf er Kleopatra auf den Thron. Die königliche Körpereinsatzstrategie war erfolgreich.

Wie man an der Geschichte sieht, empfiehlt sich diese Gegenvariante zu der David- und Goliath-Version vor allem dann, wenn man es mit einem eigentlich schwachen Gegner zu tun hat, den man – aus welchen Gründen auch immer – nicht selbst aus dem Weg räumen kann. Hier ist die Verbündung mit dem äußeren Machtfaktor der richtige Weg. Angst vor großen Tieren braucht man dabei nicht zu haben. Kleopatras Beispiel zeigt, dass durch den geschickten Körpereinsatz aus mächtigen Herrschern ganz leicht willfährige Komplizen werden.

Feudalismus im Mittelalter

Die feudalen Herrschaftsstrukturen des Mittelalters boten die beste Grundlage für systematisches Mobbing und waren selbst das Ergebnis erfolgreicher Mobbing-Aktivitäten. Wie hat das funktioniert? Die mittelalterliche Gesellschaft unterlag einer strengen hierarchischen Struktur. Wie in einer Kaskade von oben nach unten sammelten die Mächtigen die jeweils nächste Ebene von Getreuen um sich. Der Anreiz, möglichst weit oben in der Hierarchie einen Posten, damals ein »Lehen«, zu bekommen, lag auf der Hand: Je weiter oben man stand, desto weniger musste man selbst arbeiten und desto sicherer durfte man sich fühlen. Mit dem gesellschaftlichen Status wuchs die Zahl der Getreuen, die die Arbeit für den Lehnsherren erledigten. Gleichzeitig erhöhte sich die Zahl der persönlichen Vasallen und Untervasallen, die die Unangreifbarkeit ihres Herrn garantierten. Wenn man es also bis an die Spitze geschafft hatte, stabilisierte sich das Herrschaftssystem von ganz allein, und der erfolgreiche Mobber des Mittelalters konnte sich beruhigt zurücklehnen.

Aber wie kam man am Anfang der Karriere dazu, auf einer möglichst

hohen Ebene als Getreuer einzusteigen? Neben Kampfesmut und Tüch-
tigkeit waren vor allem die Mobbing-Strategien unumgänglich, mit deren Hilfe man die Konkurrenz ausschalten und sich selbst beim Herrscher beliebt machen konnte.

Die Gerüchtediplomatie war dafür bestens geeignet. Denn gegen geschickt platzierte üble Nachrede konnte sich niemand gut schützen. In
einer Zeit ohne viele schriftliche Dokumente hatte das Hörensagen eine
wichtige Funktion und einen guten Ruf.

Eine besondere, heute aus unverständlichen Gründen etwas aus der
Mode gekommene Extremform der Körpereinsatzstrategie – außer
beim europäischen Adel – beflügelte die Karriere gleichfalls ungemein:
die Ehelichung einer möglichst nahen Verwandten des Herrschers.

Das führt uns zu einem der bekanntesten Fälle von »Clan-Mobbing«,
der sogar die strategischen Künste in den Adelshäusern der Grimaldis
und Windsors oder in der Fernsehdynastie der Ewings aus Dallas weit
in den Schatten stellt: der unaufhaltsame Aufstieg der Medici.

Im Jahr 1425 kam Cosimo Medici an die Spitze seiner Familie. Er war
wohl einer der reichsten Männer seiner Zeit in Italien. Als Bankier,
Woll- und Tuchhändler in Florenz sorgte er dafür, dass politische Wah-
len in der Stadt immer zu Gunsten seines Clans ausfielen. Sein Erfolgs-
rezept: Cosimo war ein Meister der Solidarisierungsstrategie. Er schuf
ein Netzwerk von Freundschaften, Beziehungen und gegenseitigen Ver-
pflichtungen, mit dem die gegnerischen Familien systematisch ausge-
grenzt wurden. Gegen Cosimo ging nichts in Florenz.

Die nachfolgenden Medici nahmen sich ein Beispiel an *il Vecchio*,
»dem Alten«, wie sie ihn nannten. Sein Enkel Lorenzo war sein Meis-
terschüler. Unter seiner Herrschaft von 1469 bis 1492 und durch sein
geschicktes Taktieren wurde Florenz zur führenden Macht in Italien.

Aber das Solidaritätsgeflecht der Medici reichte noch viel weiter. Im
16. Jahrhundert gelang es ihnen, die Position des Papstes aus ihren
Reihen zu besetzen. Und ihr ausgesprochenes Talent in Sachen Hei-
ratspolitik führte Katharina Medici als Frau Heinrichs II. auf den
Thron. Doch Macht korrumpiert, das mussten auch die Medici erfahren: 1572 war Katharina verantwortlich für das Blutbad der Bartholo-
mäusnacht.

Das lehrt: Als perfekter Mobber kommt man in Ämter mit höchsten moralischen Ansprüchen, wobei die Moral allerdings zuweilen auf der Strecke bleibt.

Martin Luther

Aus mobbing-historischer Sicht ist Martin Luther eine ambivalente Person. Er war Mobber und Gemobbter zugleich. Genau genommen haben ihn die deutschen Fürsten, mit Kaiser Maximilian an der Spitze, zuerst selbst missbraucht, und zwar als Instrument in ihrer Auseinandersetzung mit Papst Leo X. um die neue Steuer zur Finanzierung eines Kreuzzuges. Doch Luther lernte schnell.

Zuerst war Luther ein Karrierist. Als Theologieprofessor an der Universität von Wittenberg wurde er 1517 mit den päpstlichen Ablässen konfrontiert und lehnte ab, deren theologischen Anstand zu bestätigen. Das war der Beginn der Reformationsbewegung, denn am 31. Oktober 1517 nagelte Martin Luther in 95 Thesen seine Ablehnung dieser pfiffigen Geschäftsidee von Papst Leo X. (schon wieder ein Medici) zur Finanzierung des Petersdoms an die Tür der Wittenberger Schlosskirche.

Interessant ist übrigens, dass er wohl nur gegen den Ablasshandel protestierte, weil sein Landesfürst Friedrich entgegen der sonstigen Praxis nicht an den Einnahmen beteiligt war. Man bemerkt sofort: Luther war in einem Loyalitätskonflikt. Er entschied sich für seinen Brötchengeber Friedrich und verletzte damit gleichzeitig seine Loyalitätspflichten gegenüber seinem geistlichen Chef Papst Leo.

Nach einigem Hin und Her wurde er zunächst nach Rom zitiert, dann aber zum Reichstag nach Worms geschickt. Hier sollte der Reformator vor einem Gesandten des Papstes seine Irrlehren widerrufen. Luther geriet dort aber in eine Mobbing-Falle der deutschen Fürsten: Sie nutzten den ideologischen Streit zwischen Luther und Rom für ihre Zwecke und erreichten, dass Luther sich zur Äußerung eines Zweifels an der Autorität des Papstes hinreißen ließ. Damit erntete er zwar einerseits nationale Huldigung (weshalb Ulrich von Hutten mit anderen Rittern Luther als Befreier Deutschlands von Rom persönlich Schutz anbot), andererseits aber auch die Exkommunikation aus der katholischen Kirche.

Die Fürsten verfolgten eine klare Ablenkungsstrategie: Mit Luther als theologischer Waffe warfen sie eine Nebelkerze, um vom eigentlichen Thema (neue Steuern für Rom) abzulenken und einen Nebenkriegsschauplatz zur Schwächung der Gegenseite zu eröffnen.

Luther aber lernte schnell. Nach seinem Ausschluss aus der Kirche ließ er sich nicht länger vor den fürstlichen Karren spannen, sondern änderte einfach die Spielregeln. Er definierte sich selbst und seine eigenen Auffassungen zum Kernstück der christlichen Lehre, erklärte den Papst für exkommuniziert und alle, die ihm weiter anhingen, für ungläubig. Das war das Signal für die Reformation. Luther hatte sich vom anfänglichen Mobbing-Opfer zum Meistermobber gemausert, der auch vor Fürsten, Päpsten und Königen nicht zurückschreckte. Sein neues »Spiel« hieß »Reformation und Abkehr von der katholischen Kirche«. Dabei nutzte er die weltlichen Interessen an einer von Rom unabhängigen Kirche mit nationaler Bindung, lieferte das theologische Fundament und verletzte die Autorität Roms so empfindlich, dass es letztlich zur Abspaltung kam. Rom war out, Luther war in. Wer hätte das für möglich gehalten, als der Wittenberger Theologe den Hammer in die Hand nahm und seine Thesen an die Kirchentür schlug?

Jean-Jacques Rousseau

Jean-Jacques Rousseau war einer der geistigen Wegbereiter der Französischen Revolution. Mit mehr oder weniger Erfolg versuchte er sich in seinem Leben als Komponist, Musiktheoretiker, Schriftsteller und Moralphilosoph. Bereits zu Lebzeiten wurde das vielseitige Talent durch seine gesellschaftskritischen Abhandlungen und Ausführungen zur Staatsorganisation weltberühmt. Aber schon damals gab es Zeitgenossen wie Voltaire, die ihn als »Heuchler« scharf kritisierten. Dabei war Rousseau nichts anderes als ein sehr erfolgreicher »Mobber«.

In seinen pädagogischen Ausführungen forderte Rousseau alle Eltern auf, stets »menschlich« zu ihren Kindern zu sein. Seine eigenen Kinder wuchsen jedoch ohne Ausnahme als Findelkinder in Waisenhäusern auf und lernten ihren Vater und ihre Mutter niemals kennen. Ein perfektes Beispiel für die Ablenkungsstrategie. Denn einem Autor von solch ethisch anspruchsvoller Pädagogikliteratur traute man nicht zu, ein Rabenvater zu sein, der seine Sprösslinge nach der Geburt einfach vor die Tür setzte.

Nach einem relativ erfolglosen Start ins Berufsleben als Musiklehrer erhielt Rousseau für seine beiden ersten Bücher, *Diskurs über die Wissenschaften und Künste* (1750) und *Über den Ursprung und die Grundlagen der Ungleichheit unter den Menschen* (1755), hohe Auszeichnungen der Akademie von Dijon. Den ersten Ruhm und die Anerkennung wollte er dennoch nicht für eine berufliche Karriere nutzen. Trotz ständiger Geldschwierigkeiten bis hin zur völligen Verarmung, die ihn streckenweise zur Landstreicherei zwang, blieb er so unabhängig wie möglich, um seine Auffassung von Staat, Mensch und Gesellschaft, wie er sagte, »in Freiheit« niederschreiben zu können. Ein nützlicher Nebeneffekt dieser intellektuellen Unabhängigkeit, der uns später noch einmal begegnen wird: Als armer Mann brauchte er sich nicht weiter um Frau und Kinder zu kümmern.

Sein bekanntestes Werk *Emile oder Über die Erziehung* (1762) ist ein Bericht über die Entwicklung des gleichnamigen Zöglings vom Kind zum Mann. Mit diesem »Mischprodukt aus Roman, Abhandlung und Traktat«, so Georg Holmsten in seinem Buch *Jean-Jacques Rousseau*, entwarf Rousseau eine pädagogische Utopie, die er mit seinen philosophischen und politischen Ideen vermengte. Der Grundgedanke des Franzosen war, dass Kinder ihre natürlichen Anlagen und Fähigkeiten ohne Zwang, gesellschaftliche Normen und Konventionen in Freiheit entwickeln sollten, auch auf die Gefahr hin, vorübergehend auf Irrwege zu geraten. Dieser in *Emile* skizzierte Anspruch an die Pädagogen gilt als Vorläufer der modernen »antiautoritären Erziehung«. Ausdrücklich forderte Rousseau die Erzieher von Kindern und Jugendlichen auf, das

Wort »Pflicht« aus ihrem Vokabular zu streichen und ihre Schutzbefohlenen ohne Vorschriften anzuleiten.

Rousseaus Ausführungen gipfelten in dem Appell an alle Eltern und Erzieher: »Menschen, seid menschlich! Das ist eure Verpflichtung. Seid es in jeder Lage, für jedes Alter. Liebt die Kindheit; begünstigt ihre Spiele, ihre Vergnügungen, im liebenswürdigen Instinkt ... Sorgt dafür, dass – zu welcher Stunde Gott sie auch rufen möge – sie nicht sterben, ohne das Leben genossen zu haben.«

Der selbst ernannte Kämpfer für die Freiheit des Kindes war, wie ihm oft vorgeworfen wurde, nicht nur ein reiner Theoretiker, der nur wenige Monate praktisch als Erzieher tätig war, sondern auch ein bemerkenswerter Mobber. Trotz seiner hohen moralischen Ansprüche übernahm er für seine langjährige Freundin und spätere Frau Thérèse Levasseur sowie die aus dieser Beziehung hervorgegangenen Kinder keinerlei Verantwortung. Im Gegenteil: Aus seiner Beziehung zu der neun Jahre jüngeren Thérèse, einer Haushaltsangestellten, die er 1745 in einem Gasthof kennen lernte und erst nach 23 Jahren heiratete, gingen fünf Kinder hervor, die er allesamt ins Waisenhaus wegmobbte.

Rousseau verteidigte sich gegen die Kritik unter dem Hinweis auf die »Sitten seines Landes«, obwohl er selbst im Alter sehr darunter litt, nie seine eigenen Kinder gesehen zu haben. Tatsächlich ist es richtig, dass es vor allem für Künstler und Literaten im Paris des 17. Jahrhunderts üblich war, sich Kurtisanen zu halten und die Kinder, die aus diesen Affären hervorgingen, im Waisenhaus abzugeben. Nun waren die Pariser Waisenhäuser dieser Zeit wohl kaum der Ort, an dem sich die Kinder ganz nach ihren Neigungen und frei von äußeren Zwängen entwickeln oder gar ihr Leben »genießen« konnten. Darüber jedoch sah der große Theoretiker Rousseau großzügig hinweg, wenn es um seine familiären Belange ging.

Ein guter Mobber muss eben mit zweierlei Maß messen können – und im richtigen Moment zwischen Theorie und Praxis wohl zu unterscheiden wissen.

Katharina die Große

Wer glaubt, Mobbing sei ein männerspezifisches Phänomen, irrt sich gewaltig. Das stimmt weder in der Gegenwart – und das ist auch gut so! – noch in der Vergangenheit. Ein eindrucksvolles Beispiel ist die russische Zarin Katharina I.

Katharina wuchs als Magd eines lutherischen Pastors in Marienburg auf und erlebte die Belagerung der Stadt als junge Frau. Unter vollem Körpereinsatz in den Betten der Kommandanten erklomm sie die Karriereleiter bis zum Nachtlager des Zaren. Hier war sie in vielfältiger Weise gefordert. Tagsüber musste sie Peters Launen aushalten und abfedern, ihn aufmuntern, wenn er missmutig war, und beruhigen, wenn er Anfälle hatte. Aber die Taktik der zeitweiligen Unterwerfung ging letztlich auf. 1712 heiratete sie Peter, zwölf Jahre später krönte dieser sie zur Zarin.

Damit war sie allerdings noch nicht am Ziel ihrer Träume angelangt. Nach dem Tod des Zaren galt es, die eigene Stellung zu sichern und die unangefochtene Herrscherin Russlands zu werden. Sie schaltete die rechtmäßigen Erben aus, indem sie strikt die Grundregel des italienischen Mobbing-Genies Niccolo Machiavelli befolgte: Wenn man die Macht in einem neu eroberten Territorium sichern will, »genügt es, die Familie des früheren Herrschers auszurotten«.

Als begabte und geübte Mobberin wusste Katharina, dass es ihr allein kaum möglich war, das Herrschaftssystem aufrechtzuerhalten. Deshalb setzte sie weiterhin auf die Waffen einer Frau. Ihre engsten politischen Vertrauten sowie ihre leitenden Minister waren gleichzeitig auch ihre Liebhaber. Doch dann wäre sie fast in eine Falle getappt, in die jeder Mobber leicht hineinstolpert, wenn er die Körpereinsatzstrategie zu intensiv betreibt: die Gefühlsfalle. Mit dem Fürsten Potemkin wählte Katharina einen in sexueller Hinsicht wohl interessanten Favoriten, der sich in der Politik jedoch als gegen sie arbeitendes Schlitzohr gerierte. Die von ihm erfundenen und seinen Namen tragenden Fassadendörfer gaukelten Katharina Wohlstand vor, den es gar nicht gab. Die Zarin ließ sich zwar blenden, ihr Herrschaftssystem konnte Potemkin dennoch nicht erschüttern. In den entscheidenden Momenten behielt die Zarin einen klaren Kopf und die gewohnte Zielstrebigkeit. So sicherte sie ihrer Tochter Elisabeth den Thron.

Der Fall Katharina die Große zeigt: Sogar die beste Mobberin muss ständig auf der Hut sein, denn sie ist nicht vor taktischen Fehlern gefeit – vor allem, wenn sie auf einen Gegenspieler trifft, der den Körpereinsatz (fast) ebenso gut beherrscht wie sie selbst.

Karl Marx

Es ist kaum zu glauben, aber wahr: Auch der Erfinder des Kommunismus und geistige Vater der heutigen Alternativszene war ein höchst trickreicher Mobber in eigener Sache. Ausgerechnet der Mann, der die klassenlose Gesellschaft als eine Gemeinschaft von Gleichen entdeckte, die ohne Ausbeutung und dafür mit gleich verteiltem Vermögen eine Wohltat für alle darstellen sollte, war im Privatleben alles andere als mitleidsvoll und altruistisch. Sein bevorzugtes Mobbing-Opfer war sein bester Freund: Friedrich Engels.

Karl Marx war zwar ein blitzgescheiter Kerl, aber, wie nicht unüblich bei aufgeweckten Köpfen, es fehlte ihm am nötigen Kleingeld. Zum Glück gab es Engels, den langjährigen engen und treuen Freund, der an ähnlichen Theorien bastelte und die Ideen von Marx begeistert aufnahm.

Im Unterschied zu Marx besaß Engels die finanziellen Mittel, die es ihm erlaubten, sich permanent und ohne Aussicht auf ein Honorar um das Schicksal der Welt in unzähligen Schriften zu kümmern. Er entstammte einer reichen Fabrikantenfamilie, saß also gewissermaßen an der Quelle. Dieser familiäre Hintergrund motivierte Marx, die Verbindung zu seinem Freund und Gesinnungsgenossen auf eine dauerhafte Basis zu stellen. Er richtete kurzerhand eine Selbsthilfegruppe für sich selbst mit Engels als Geldgeber ein. Dieser wurde zum Mäzen und Gönner von Marx. Der große Gleichheitstheoretiker sah wiederum überhaupt nicht ein, warum er das hart erschnorrte Geld von seinem reichen Freund mit seiner Frau teilen sollte. Er verspielte die Zuwendungen und überließ seine Frau ihrem Schicksal.

Wie Rousseau bediente sich Marx eines Ablenkungsmanövers mithilfe der Literatur, und zwar gegenüber Engels. Dem verkaufte er in seinen Schriften die Ideale von einer besseren, weil klassenlosen Gesellschaft, von einer Welt der Gleichheit, in der der Wohlstand gleichmäßig verteilt ist, niemand unter Armut leidet oder durch Reichtum herrscht.

Aber kann das alles aufrichtig gemeint sein, wenn man seine eigene Frau hungern lässt, um das Geld allein auf den Kopf zu hauen? Engels hat Marx jedenfalls ziemlich erfolgreich »Ideologie-gemobbt«, denn dieser glaubte, einen Idealisten zu fördern, bekam für sein Geld aber tatsächlich einen Egoisten. So lieferte Engels als Weggefährte die materielle Basis, während Marx sich amüsierte – und ganz nebenbei auch noch die meisten Meriten einstrich. Nicht schlecht gemobbt für einen geborenen Kommunisten!

Bismarck

Kommen wir nun zum »King of Mobbing« des 19. Jahrhunderts! Im Unterschied zu den anderen vor und nach ihm entsprach Otto von Bismarck weitgehend dem von uns favorisierten Typ des »Verantwortungsmobbers« im Sinne der Definition, die Max Weber in seinem Werk *Soziologie, weltgeschichtliche Analysen* vertritt. Bestes Zeichen dafür ist die Tatsache, dass er es schaffte, Deutschland nach der Reichsgründung von 1871 in die längste Friedensperiode zu führen, die es bis dato gegeben hatte. Bismarck zeigte sowohl in der Innen- als auch in der Außenpolitik, dass stilsicheres und erfolgreiches Mobbing eine Friedensstrategie sein kann und dass es nicht nur der eigenen Karriere, sondern dem Gemeinwohl dient. Schließlich ist es nicht zuletzt seinen Winkelzügen zu verdanken, dass die Reichsgründung überhaupt zustande kam.

Sein Aufstieg begann, wie nicht selten bei guten Mobbern, mit dem

Ausnutzen der Gunst der Stunde. Wilhelm I., damals noch König von Preußen, plante seit 1860 eine Heeresreform, die das preußische Abgeordnetenhaus ablehnte. Der Konflikt mündete 1862 in eine gegenseitige Blockade, in deren Folge Wilhelm nicht einmal mehr leitende Minister fand. Bismarck, damals ein einfacher Abgeordneter, ergriff die Gelegenheit beim Schopf, bot sich Wilhelm in der gesuchten Funktion an und führte die geplante Heeresreform ganz einfach ohne die Zustimmung des Landtags durch. Nach einigen gewonnenen Kriegen, unter anderem gegen Dänemark, Österreich und Frankreich, holte er sich die Erlaubnis übrigens nachträglich.

Im Umgang mit dem Parlament zeigte Bismarck seine ganze Mobbing-Größe. Er spielte Abgeordnete und Fraktionen gegeneinander aus, regierte mit wechselnden Koalitionen, mal mit Zuckerbrot und mal mit der Peitsche. Er vermochte es, die Abgeordneten in verschiedene Zwangslagen hineinzumanövrieren, aus denen als einziger Ausweg die Zustimmung zu seiner Politik blieb. Ein gutes Beispiel ist die erwähnte nachträgliche Annahme der Heeresreform: Bismarck hatte eine Reihe von Kriegen gewonnen, aus denen der so genannte Norddeutsche Bund unter Führung Preußens hervorging. Dies war ein sichtbarer Markstein auf dem Weg zur nationalen Einigung, der die Liberalen in eine Zwickmühle brachte. Sie betrachteten die Heeresreform zu Recht als Verfassungsbruch, mussten nun aber – unter Verrat an den für sie zentralen Prinzipien der Rechtsstaatlichkeit und unter Rücksichtnahme auf die ebenfalls zentrale Forderung nach nationaler Einheit – der Heeresreform zustimmen. Das ist Ausdruck wahrer, politischer Mobbing-Genialität.

Als Reichskanzler war er nach 1871 nicht weniger geschickt. Innenpolitisch machte Bismarck nach dem bewährten Rezept weiter. Außenpolitisch handelte er entsprechend unserer Solidarisierungsstrategie. Er isolierte den erklärten Erbfeind Frankreich durch den Aufbau eines ausgeklügelten Koalitionsgeflechts in Europa. Dies beinhaltete sowohl offene Bündnisse als auch geheime Beistandspakte. Die Koalitionen waren so verflochten, dass nur Bismarck wirklich wusste, wer mit wem in welcher Form verbündet war. Das »Vertragsmobbing«, nicht nur gegenüber Frankreich, sondern auch gegenüber den eigenen Partnern, funktionierte sehr gut, zumindest so lange der Reichskanzler im Amt war. Dem mangelnden Geschick und der politischen Unfähigkeit Wilhelms II. ist es zuzuschreiben, dass das stabile Geflecht nach Bismarcks Demission 1890 Stück für Stück zusammenbrach und im Ersten Weltkrieg endete.

Mahatma Gandhi

Der Vorkämpfer des gewaltfreien Widerstandes, der Vater der indischen Unabhängigkeit, der sich furchtlos Englands Kolonialmacht entgegenstellte, ein Mobber? Da sehen Sie, wie gekonnt gemobbt werden kann. Mobbing und Pazifismus sind keine Gegensätze, sondern passen ohne weiteres zusammen. Fast möchten wir sagen, sie bedingen einander.

Gandhi hat das Establishment Indiens in seiner Zeit gemobbt. Und das ziemlich erfolgreich, wie wir aus der Geschichte wissen. Schließlich hat England im Jahr 1947 mit seiner früheren Kolonie Indien den größten und kulturell wichtigsten Teil seines Weltreichs verloren, der das Selbstverständnis des britischen Empires nachhaltig geprägt hatte. Mit ganz einfachen, ja rudimentären Mitteln schaffte Mahatma Gandhi das, wofür andere Freiheitskämpfer tausende von Soldaten, Waffen und Menschenleben benötigten: Sein Widerstand war der Anfang vom Ende der britischen Kolonialmacht. Übrig geblieben ist letztlich ein Inselreich, dessen einstige Größe das Commonwealth nur noch erahnen lässt.

Gandhis Mobbing-Strategie lautete: Spielregeln ändern. Der gewaltfreie Widerstand nach Art Gandhis und anderer Pazifisten in aller Welt beruht stets auf dieser Taktik: Die gesellschaftlichen und politischen Spielregeln werden einfach missachtet, und zwar so lange, bis das Regime unter dem wachsenden öffentlichen Druck aufgibt. Da passt auch das Wort von Hannah Arendt, wonach Macht nicht aus den Gewehrläufen kommt. Diese Macht kommt vielmehr von der Masse der Menschen, die sich dem Mobbing-Vorbild anschließen. Die pazifistischen Freiheitskämpfer infizieren andere mit ihrer Verweigerungshaltung.

Ehe man sich versieht, befinden sich die Widerständler in der Überzahl, die Spielregeln werden neu geschrieben und die alten Gesetze sind nicht länger relevant.

Eine äußerst effektive Strategie, die leider nicht oft genug genutzt wird!

Konrad Adenauer

Im Grunde müssten wir hier wohl die Mehrzahl der Spitzenpolitiker nach dem Zweiten Weltkrieg auflisten. Aber einer unter den Mobbing-Politstrategen sticht dennoch heraus: der erste Bundeskanzler der Bundesrepublik Deutschland, Konrad Adenauer. Allein sein Aufstieg vom ehemaligen Kölner Oberbürgermeister zum Bundeskanzler ist schon Beweis genug. Natürlich hatte er 1945 als politisch Unbelasteter den Vorteil, das uneingeschränkte Vertrauen der alliierten Besatzungsmächte zu genießen. Doch es gab ja nicht nur Adenauer. Mit mindestens gleicher Berechtigung im Hinblick auf die beruflichen Fähigkeiten und politischen Erfahrungen hätte man Dutzende von Alternativen in die engere Wahl ziehen können. Man denke nur an seinen großen Konkurrenten aus den Reihen der Sozialdemokratie, Kurt Schumacher. Adenauer war jedoch in einem entscheidenden Punkt ganz anders als die anderen. Als perfekter Mobber erkannte er schnell, wie die Dinge lagen, und gegen wen er mit welchen Mitteln als Erstes vorgehen musste.

Sein prominentestes Mobbing-Opfer war sein späterer Nachfolger im Kanzleramt Ludwig Erhard. Dieser erlebte sein blaues Mobbing-Wunder und die Nation das Wirtschaftswunder. Erhard wäre übrigens kein schlechter Kanzler für die Stunde Null gewesen, war er es doch, der die Soziale Marktwirtschaft in Deutschland einführte und den ökonomischen Aufschwung in Gang setzte. Wie dem auch sei, Erhard wurde unter Adenauer Wirtschaftsminister, vielleicht der beste und erfolgreichste von allen, und sollte nach dem Willen vieler Parteifreunde dessen Nachfolger werden. Dieser hatte indes als guter Mobber ein feines Gespür für solche Tendenzen und mobbte beständig gegen seinen Minister.

Vielleicht hätte sich Erhard eine Ferienwohnung in Cadenabbia am Comer See, wo Adenauer sich beim Boccia erholte, kaufen sollen. Dann hätte er das Verhältnis zu seinem Chef beim Kugelschieben sicher auf eine andere Basis stellen können – von Sportler zu Sportler.

Adenauer versuchte permanent, die Erfolge seines Wirtschaftsministers zu konterkarieren. Dafür etablierte er ein bürokratisches Mobbing-Instrument, die so genannten »Immediatsgespräche«. Noch die Geschäftsordnung der Reichsregierung der Weimarer Republik hatte ausgeschlossen, dass der Reichskanzler unmittelbar mit Verbänden und Interessengruppen Gespräche führen durfte, die in das Ressort eines Ministers fielen. So wollte man sicherstellen, dass zum Beispiel die Vertreter der Industrie immer zuerst mit dem Wirtschaftsminister sprachen, beim Reichskanzler jedoch keinen Termin bekamen.

Ganz anders bei Adenauer: Der Kanzler der jungen Republik wusste genau, welche Macht ihm diese direkten Gespräche einbringen würden. Und er nutzte sie. Er veränderte die Spielregeln des politischen Alltags und verteilte oder verletzte seine Loyalitäten gerade so, wie es ihm beliebte. Wenn Erhard als aufrechter Ordnungspolitiker, der für den Wettbewerb, aber nicht immer für die Industrie war, wieder einmal einen Vorstoß unternahm, der der Industrie nicht schmeckte, erhielten deren Vertreter im Handumdrehen einen Termin bei Adenauer. Der machte sich selbst beliebt und die Vorstöße seines Ministers wieder rückgängig. Damit war es Adenauer, der von allen Interessengruppen geschätzte Bundeskanzler und gütige Onkel, der Verständnis für die Anliegen seiner Schutzbefohlenen aufbrachte. Erhard war dagegen der uneinsichtige, starrköpfige Dogmatiker, der um der Prinzipien willen die Interessen der deutschen Wirtschaft missachtete.

Die Rechnung ging bis 1961 auf, als die FDP eine Koalition mit der CDU nur dann eingehen wollte, wenn Adenauer sich auf eine zweijährige Befristung seiner Kanzlerschaft festlegte und dann zu Erhards Gunsten zurücktrat. Die Nominierung Ludwig Erhards zu seinem Nachfolger empfand Adenauer als eine der schwersten innenpolitischen Niederlagen. Er war brüskiert, aber wirklich etwas dagegen unternehmen konnte er nicht mehr. Seine lange Zeit fast perfekte Mobbing-Kunst war verbraucht.

Deshalb merke: Der wirklich vollkommene Mobber weiß, wann seine Zeit gekommen ist und er das Feld den jüngeren Mobbern überlassen muss. Denn Mobbing macht eben nur fast allmächtig.

Richard Nixon

Richard Nixon war nicht nur ein begnadeter Mobber. Er war außerdem, und das hilft manchmal beim Mobbing gewaltig, ein mit allen Wassern gewaschener Täuscher. Nachdem bekannt wurde, dass er für seinen Wahlkampf Spenden annahm, was in den fünfziger Jahren keineswegs so üblich war wie in späteren Jahrzehnten, wollte er im Rahmen einer Fernsehansprache eigentlich seinen Abschied von der Politik verkünden. Während der etwa dreißigminütigen Sendung, in der er ein Skript in Händen hielt, ohne es dann aber zu verlesen, wechselte er seine Position, verteidigte die Spendenannahme und kam als menschlich-sympathischer Typ heil aus der Sache heraus.

Seine Taktik: ein klassisches Ablenkungsmanöver. Nixon brachte seinen Hund Checkers sowie seine Ehefrau mit ins Studio und präsentierte sich als vertrauenswürdiger Mann, dem seine traurig in die Fernsehkamera blickende Familie einschließlich des Hundes mit den hübsch angelegten Ohren alles bedeutete. Der rhetorisch gewandte Politiker und verantwortungsvolle Familienvater gab schließlich zu, eine einzige Spende in seinem Leben angenommen zu haben. Und das sei der niedliche Cockerspaniel namens Checkers gewesen, der mittlerweile seiner sechsjährigen Tochter Tricia gehörte. »Den wollen wir behalten«, beteuerte Nixon. Wer hätte ihm da widersprechen mögen?

Wer konnte so herzlos sein und dieser intakten Familie den Ernährer wegnehmen, indem er den Vater entmachtete? Nixons Trick, den er in seiner berühmt gewordenen »Checkers Speech« anwandte, funktionierte: Jetzt stand nicht mehr die verbotene Spendenannahme im Mittelpunkt des öffentlichen Interesses, sondern sein Familienleben, sein Anstand und sein sympathisches Umfeld. Auf diese Weise mobbte

Nixon seine politischen Gegner erfolgreich ins Abseits, und mit ihnen die Journalisten, die gegen ihn Front gemacht hatten.

Die Rechnung sollte auch langfristig aufgehen, allerdings nur für eine begrenzte Zeit. Bekanntermaßen wurde Nixon später Präsident der Vereinigten Staaten. Auch hier besann er sich in kritischen Momenten auf die altbewährten Mobbing-Strategien. Sein bekanntester Schachzug war derjenige, der ihn letztlich zu Fall brachte: die Watergate-Affäre. Der Präsidentschaftskandidat hatte durch das natürlich verbotene Abhören seiner politischen Gegner im Washingtoner Watergate-Hotel wertvolle Informationen gesammelt, mit denen er Gerüchte streuen und seinen Kontrahenten bei passender Gelegenheit disqualifizieren konnte. Das brachte Nixon zwar Vorteile im Wahlkampf, ließ ihn aber am Ende doch alles verlieren, als der Skandal aufgedeckt wurde. Ein ziemlich dilettantisches Verhalten, von dem sich ein Meisteragent wie James Bond mit Grausen abwenden würde.

Einer Amtsenthebung kam Nixon mit seinem Rücktritt zuvor. Der Politiker entpuppte sich als zwar abgebrühter, aber recht schurkiger Mobber. Die Strafe folgte auf dem Fuß.

Königin Elisabeth II.

Auf die britische Königin sind wir schon einige Male zu sprechen gekommen. Wir haben sie auf der Bestenliste der Mobber ganz nach oben gesetzt. Elisabeth II. vermag es wie keine Zweite, den Schein der unnahbaren, korrekten Majestät zu wahren und trotzdem zielsicher – wenn es sein muss, sogar fast um jeden Preis – ihre eigenen, ganz persönlichen Interessen zu verfolgen. Dabei handelt sie nach allen denkbaren Maßstäben rigoros. Denn ihr prominentestes Mobbing-Opfer ist ihr eigener Sohn und (wohl nur noch potenzieller) Thronfolger Prinz Charles.

Während Elisabeth II. in Charles Alter schon ein beachtliches Thronjubiläum feierte, ist für den Sohn der Thron eigentlich nur durch das

Ableben seiner Mutter erreichbar. Sollte die Königin auch nur annähernd so alt wie die Queen Mum werden, könnte Charles mit seiner Krönung gleichzeitig die Rente sowie die Aufnahme in ein Altenwohnheim beantragen. Viel würde er nicht mehr von seiner Regentschaft haben. Wer will schon einem altersschwachen, gerade inthronisierten König zujubeln, den alle immer nur als Junior erlebt haben?

Die Queen bestimmt die Spielregeln bei den Windsors, sonst niemand. Sie ist einfach immer schon da, wenn Charles die Bühne betritt. Alle wichtigen Entscheidungen behält sie sich selbst vor, alle Termine mit größtmöglicher Publikumswirkung nimmt sie persönlich wahr. Charles darf sich um den Umweltschutz und um die Fragen der gesunden Ernährung kümmern. Ein klassischer Fall von Herabsetzung. Wer nimmt einen blaublütigen Ökobauern tatsächlich ernst?

Die große Chance des Thronfolgers war seine Hochzeit mit Lady Diana, die ihm einen bisher nicht gekannten Beliebtheitsgrad einbrachte. Doch die Ehe ging in die Brüche, und das nicht nur, weil Charles Diana mit Camilla Parker Bowles betrog. Die böse Schwiegermutter und Königin von England wird ihren Teil dazu beigetragen haben, dass das Thronfolgerpaar keinen Fuß auf den Boden des Buckingham-Palastes bekam und keine Gelegenheit dazu hatte, ein harmonisches Privatleben aufzubauen. Elisabeth II. ließ über ihre Mitarbeiter Gerüchte streuen, die Misstrauen in die junge Ehe brachten. Das intime Verhältnis zwischen Charles und Camilla war ihr sicher nicht entgangen, ebenso wenig die innigen Beziehungen, die Diana zu Butlern und Reitlehrern pflegte. Wer würde solche Informationen nicht für den eigenen Vorteil nutzen?

Ihr zweites großes Machtmittel war das strenge königliche Protokoll, womit wir wieder bei den Spielregeln wären, die Elisabeth ganz allein festlegt. Diana beklagte sich oft über die Kälte des britischen Hofes und über die Windsors, die sie zeitweise wie einen Menschen zweiter Klasse behandelten. Wer nicht perfekt ins Schema passte und dann auch noch beim Volk so außergewöhnlich beliebt war wie die Frau des Thronfolgers, war eine Gefahr für die Queen, die sie am Hof auf Distanz und in der Öffentlichkeit in der Defensive halten musste. Das gelang ihr ausgezeichnet. Diana litt nicht umsonst an Magersucht und

Depressionen, die sie erst nach ihrer Scheidung von Charles wieder loswurde.

Diese Scheidung: ein eindrucksvoller Erfolg für die Königin unter den Mobbern. Diana floh in die Idylle des Mittelmeers und betätigte sich fortan als Königin der Herzen, während Charles vorerst in der Versenkung verschwand. Elisabeth II. stand wieder allein an der Spitze der Windsors. Doch dann wäre es fast zur Katastrophe gekommen. Dianas Tod, wir haben darauf schon hingewiesen, brachte die Spielregeln der Königin derart ins Wanken, dass sie sich öffentlich vor Diana verneigen musste – allerdings nur vor ihrem Sarg, was den Schlag eindeutig milderte.

Außerdem wäre Elisabeth eine schlechte Mobberin, wenn sie aus diesem kleinen Rückschlag nicht gelernt hätte. Neuerdings lockert sie die Spielregeln am Hofe ein wenig, gibt sich moderner und toleranter. Ja sogar so tolerant, dass Charles nun mit seiner neuen, alten Liebe Camilla öffentlich Händchen halten darf. So kommt die Queen den Wünschen der Öffentlichkeit nach Liebe und Harmonie entgegen. Aber niemand sollte auch nur einen Moment daran zweifeln, dass sie hinter den Kulissen mit Camilla ein nicht minder trickreiches Spiel spielt wie mit deren Vorgängerin. Schließlich geht es um Charles, ihren Sohn und Thronfolger, und damit auch um die Macht.

Die Queen ist wahrlich die beste unter den Mobberinnen und Mobbern. Die Königin ist die Meisterin der Königsstrategie!

3. Glücklich durch Mobbing im Alltag

Wir wollen an dieser Stelle die Welt der Reichen und Schönen verlassen und uns den Konflikten des Normalbürgers zuwenden. Für jeden von uns – ganz gleich, ob reich oder arm – gilt schließlich der Grundsatz: Mobbing im Alltag macht glücklich. Schauen wir uns also einmal an, wie wir dieses Glück durch ein paar geschickte Schachzüge in unsere bescheidene Existenz hinüberretten können.

Mobbing auf Mallorca

Nach einer repräsentativen Umfrage des Forsa-Instituts aus dem Jahr 1996 fühlten sich 20 Prozent der 1067 Befragten durch Neid beeinträchtigt. Glauben Sie wirklich, dass lediglich jeder Fünfte unter der Missgunst seiner Mitmenschen leidet? Wohl kaum. In einer Gesellschaft nervender Neider dürfte der Prozentsatz wesentlich höher liegen.

Dann und wann mögen ein niedrig ausgebildetes moralisches Niveau, schlechte menschliche Dispositionen wie Bosheit, Eifersucht, maßlos übersteigerter Ehrgeiz, Rivalität oder Profilierungsneurosen die Ursache dafür sein. Damit werden wir uns abfinden müssen. Wir leben eben in einer Welt voller Gegensätze und Turbulenzen, die offenbar ohne die Freude und den Spaß vieler Menschen an Niederträchtigkeit und Unverschämtheit nicht auskommt. Wir müssen uns allerdings richtig darauf einstellen!

Je weniger produktiv und kreativ unsere Zeitgenossen sind, je stärker sie von wichtigen Entscheidungsprozessen ausgeschlossen bleiben, je mehr Frustration und Langeweile in ihrem Leben existiert, weil sie schlichtweg ignoriert werden, umso mehr kommen diese Verlierer der Gesellschaft auf dumme Gedanken. Sie kramen Boshaftigkeiten gegen uns hervor – wie unberechtigte Vorteilsnahme, Klatsch, Tratsch und Intrigen –, um von ihren eigenen Defiziten abzulenken.

Solche Futterneider treffen Sie – wenn Sie Pech haben – sogar im Urlaub. Damit diese Kreaturen Ihnen die lang ersehnte Erholungspause nicht völlig vermiesen, beginnen wir unseren Streifzug durch die Alltagswelt des Mobbings mit einem Besuch auf Deutschlands beliebtester Ferieninsel: Mallorca.

Während Sie die Koffer packen, träumen Sie von Sonne, Palmen und Strand. Doch bereits auf dem Flughafen stört Sie die lange Schlange am Abfertigungsschalter des Charterfliegers. Gestresst erreichen Sie nach zweieinhalb Stunden Flugzeit und Transfer das Hotel. Jetzt erst sind Sie wirklich urlaubsreif.

Am nächsten Morgen stellen Sie fest, dass alle Liegestühle am Pool schon mit Handtüchern belegt sind. Verdammt, denken Sie und sehnen sich nach ihrem heimischen Sofa. Als Sie dann auch noch erfahren, dass für rund zweihundert Hotelgäste nur hundert Liegestühle zur Verfügung stehen, bedauern Sie vollends die Reisezielentscheidung für die schönsten Tage des Jahres. Entmutigt kehren Sie zum Pool zurück und beobachten, wie pubertierende Sprösslinge die allerletzten Plätze belagern. Das gibt Ihnen den Rest.

In der Sonne liegen derweil all die Neider und Erfolglosen herum, die Sie im Alltag sowieso ertragen müssen. Vielleicht erkennen Sie am Pool in einem der Liegestühle unter einem Schatten spendenden Sonnenschirm mit einem kühlen Drink in der Hand Ihren fiesen Nachbarn, strebsamen Arbeitskollegen oder tatsächlich den Schwarzenegger-Verschnitt, der Ihnen die Freundin ausgespannt hat. Kann das Schicksal so grausam sein? Muss man sich wirklich von solchen Geschöpfen den Urlaub verderben lassen?

Nein! Urlaubsexperten und erfahrene Mobbing-Strategen raten zu folgendem Vorgehen:

1. Beobachten Sie zunächst aus guter Position die Liegestühle und warten Sie, bis eins der begehrten Objekte frei wird. Besetzen Sie den Liegestuhl so schnell wie möglich, damit sie deklarieren können, dass dieser nun durch Sie als »belegt« gilt.

2. Nehmen Sie sofort Kontakt mit Ihrem Liegestuhlnachbarn auf und vereinbaren Sie gegenseitig, das Objekt der Begierde zu überwachen und zu verteidigen, falls man zum Bierholen, Schwimmen oder für den Gang zur Toilette den Platz verlassen muss. Hierdurch schaffen Sie Solidarität unter allen Liegestuhlbesitzern.

3. Bestechen Sie durch kleine Finanzaktionen das Hotelpersonal, damit es Aufpasserfunktionen übernimmt. Das entlastet Sie merklich. Noch besser wäre es natürlich, wenn Sie den Hotelmanager gefügig machen könnten, damit dieser irgendeinen Mitarbeiter von der Wichtigkeit Ihres Wohlergehens überzeugt und beauftragt, schon morgens um fünf einen Liegestuhl für Sie zu reservieren. Hierzu sollten sie unbedingt die Königsstrategie einsetzen.

4. Wenn sich Fremde dem leeren Liegestuhl in verdächtiger Weise nähern, sollten Sie dem Eindringling durch Posen, Gesten und Geschrei klar machen, dass keine Chance auf Inbesitznahme des Ruheplatzes besteht. Diese Abschreckungsaktionen müssen natürlich imposant sein, damit eine gewisse Glaubwürdigkeit bei der Verteidigungshaltung aufkommt.

5. Den Anspruch auf den Liegestuhl kann man dadurch unterstreichen, dass man die besetzten Plätze mit wehrhaften und robusten Wagenburgen umgibt. Hierbei können Bier- und Colakisten, Tische, Mausefallen und Schmierseife gute Hilfsdienste leisten. Je mehr Abschreckung, desto besser!

6. Damit Ihnen die Liegestühle für den Rest des Urlaubs zur Verfügung stehen, müssen Sie einen speziellen Schichtdienst entwickeln. Sprechen Sie sich mit den anderen Liegestuhlbesitzern ab, wer zu nächtlicher Uhrzeit, fünf Uhr morgens müsste ausreichen, die Überwachung übernimmt, damit die anderen ausschlafen können. Das Auslegen von Handtüchern in den frühen Morgenstunden soll, so hört man immer wieder, tatsächlich ein gutes Mittel sein, um den Besitzanspruch dauerhaft zu dokumentieren.

In manchen Hotels herrscht mittlerweile ein Klima vor, das den Einsatz von Mobbing geradezu aufzwingt. Die steigende Gewaltbereitschaft der Neider macht nicht einmal vor den Ferienhotels und Klubanlagen des Südens Halt. Denken Sie nur an die Gefechte, die sich abspielen, wenn im Schichtbetrieb das Abendessen ausgeteilt wird oder die besten Plätze am Meer vergeben werden. Hier tobt der ganz normale Krieg, den wir aus der Arbeits- und Geschäftswelt kennen. Wer zuerst da ist, bekommt alles, ganz gleich, ob er es verdient hat oder nicht. Finden Sie das in Ordnung?

Urlaub, so meinen wir, darf nicht zu einer Zeit der Depression werden, sonst ist das Nervenkostüm aller erfolgreichen Menschen bald im Eimer.

Aber es scheint wirklich keinen einzigen Urlaubsort auf der Welt zu geben, von dem man gut erholt und braun gebrannt nach Hause zurückkehren kann, weder in der Karibik, noch auf Kreta oder in der Lüneburger Heide. Das ist die soziale Wirklichkeit, in der wir nur durch Mobbing eine kleine Oase der Entspannung finden können.

Mobbing gehört zu unserem Leben wie Wasser und Brot. Wir befinden uns nun mal in der ständigen sozialen Konfrontation mit anderen Menschen. Es hat keinen Zweck, das zu leugnen und die Augen vor der bitteren Realität zu verschließen. Das schaffen nicht einmal die Nonnen in einem Kloster oder Robinson Crusoe, der das Mobben lernen musste, als Freitag und die Kannibalen auf »seine« Insel kamen. Das ist leider so! Tut uns Leid!

Palazzo

Für die Wirtschaft gilt schon seit geraumer Zeit: New Economy ist out, es lebe die Tradition. Viele zunächst genial erscheinende Emporkömmlinge konnten nur mit vorübergehendem Strohfeuer beeindrucken. Während die Anleger wie im Wilden Westen in Goldgräberstimmung noch in Träumen von hohen Erträgen und Reichtum schwelgten, stand den Finanzstrategen des Neuen Marktes das Wasser schon bis zum Hals. Sie hatten die zunächst hohe Liquidität der Firmen mit schwachen Konzepten, Abenteuern und Luftnummern verplempert und diese so auf die Verliererstraße gebracht. Wären sie doch auf dem Teppich geblieben!

Hätten sie nicht alles Bewährte über Bord geworfen und stattdessen die Rezepte und Lösungen mancher »alter« Branchen beherzigt, wären sie vielleicht nicht so tief in das Jammertal gestürzt. Nur langfristig angelegte Strategien und Konzepte, die auf gemachten Erfahrungen aufbauen, versprechen dauerhaften Erfolg.

Dies gilt auch für das Mobbing: Vom Althergebrachten, von den Klassikern des Mobbens, kann man durchaus für das heutige Alltagsleben lernen.

Wissbegierigen Mobbern, die ihre Kenntnisse und Fähigkeiten ausbauen und mit Hintergrundwissen vertiefen wollen, bietet sich zudem die schöne Urlaubszeit als gute Gelegenheit an. Denn Anschauung ist oft der beste Lehrmeister, und auf einer Studienreise lernt es sich immer noch am besten. Hier ein Reisevorschlag:

Die Region Toskana mit ihren sanften Hügeln, Tälern und Küstenstreifen gehört zu den bekanntesten und beliebtesten Landschaften Italiens. Viele denken dabei an Florenz mit seinem außergewöhnlichen Stadtensemble und seiner eindrucksvollen Dächerlandschaft. Aber wer hält es für möglich, dass ganz in der Nähe schon im Mittelalter eine Mobber-Hochburg zu finden war?

Auf einer Hügelkette südwestlich von Florenz liegt die reizvolle Kleinstadt San Gimignano. Die steil aufragenden Türme erinnern aus der Entfernung ein bisschen an die Skyline moderner Hochhäuser. Deshalb wird der mittlerweile von vielen Touristen überlaufene Ort manchmal das Manhattan der Toskana genannt.

Die reichen Familien von San Gimignano waren im Mittelalter heillos untereinander zerstritten und führten blutige Familienfehden. Von daher war klar, dass die Bauten und Paläste besonders befestigt und wehrhaft ausgebaut sein mussten. Das Prestige der Familien verlangte zusätzlich, dass ein »Geschlechter«-Turm so hoch hinaus gebaut wurde, wie es sich die bekämpften Familien nicht leisten konnten. So konnte man ihnen im wahrsten Sinne des Wortes aufs Dach gucken. Eine beeindruckende Machtdemonstration und eine besonders perfide Form des Psychoterrors!

Da der höchste Turm der Stadt, der das Rathaus Palazzo del Popolo mit 54 Metern Höhe zierte, nicht übertroffen werden durfte, baute die Familie Salvucci einfach zwei Türme direkt nebeneinander mit jeweils über 50 Metern Höhe. So machten sie allen Einwohnern klar, dass sie im Grunde noch mächtiger waren als die Stadtregenten, sich aber aus Traditionsbewusstsein beim Bauen vornehm zurückhielten.

Den anderen, die es nicht so weit gebracht hatten, stand mit den beiden Türmen unmissverständlich vor Augen, wie bedeutungslos sie waren. Das Selbstwertgefühl der Konkurrenz war zutiefst erschüttert. Diejenigen, die immer auf die höheren Türme oder gar zwei von ihnen blicken mussten, wurden von Selbstzweifeln geplagt, da sie fortan vom Zentrum der Macht weit entfernt blieben. Die Herabsetzungsstrategie hatte gegriffen.

Über zehn der ehemals 72 Türme können heute noch vor Ort als Anschauungsmaterial besichtigt werden. Es geht dabei um weit mehr als die Faszination der toskanischen Kleinstadt. San Gimignano ist ein architektonisches Sinnbild des Mobbens. Jeder Besucher der Stadt hat nicht nur schöne Erinnerungen im Kopf, sondern auch viele Mobbing-Anregungen im Gepäck, wenn er die Heimreise antritt.

Die wichtigste Lehre ist wohl: Macht, Einfluss und Erfolg müssen durch Symbole sichtbar gemacht werden. Ohne die öffentliche Demonstration Ihrer Stärke geht es nicht. Nutzen Sie die Insignien Ihrer Zeit: luxuriöse Autos, Schmuck, Taschen von Louis Vuitton, Prada-Jacken aus Mailand, offen sichtbare Golfschläger im Rückfenster des Autos und andere sehr bezeichnende Kleinigkeiten.

Und warum planen Sie nicht auch beim Hausbau ein kleines Türmchen, einen zusätzlichen Erker oder eine Dachterrasse ein? Ihr Nachbar wird begeistert sein, und Ihre Freunde werden vor Neid platzen.

King of the Table

Angenommen, Sie stehen im Mittelpunkt einer Gourmet-Runde, eines Pizza-Meetings, eines Barolo-Teams oder eines Bierglas-Zirkels. Stammtisch hat man früher wohl zu solchen Institutionen gesagt.

Nehmen wir weiter an, Sie sind derjenige, der die feuchtfröhliche Runde eingeführt hat, ständig organisiert und zusammenhält. Sie sind der Macher und bestimmen die Spielregeln, nach denen die Rituale ablaufen.

Ein zufriedenes Lächeln legt sich auf Ihre Gesichtszüge, während Sie sich gemütlich im Sessel zurücklehnen und in Erinnerungen an die letzten Klubabende schwelgen. Der Klub ist Ihr Forum, die Mitglieder bewundern Sie, und es tut einfach gut, sich nahezu stressfrei einen schönen Abend zu gönnen. Sie haben alles im Griff, und niemand wird es jemals wagen, an Ihrem Sessel zu sägen.

Freuen Sie sich nicht zu früh. Wie überall lauern auch hier gewisse Gefahren, die sich aus der Arglosigkeit der Unwissenden ergeben. Es könnte zum Beispiel passieren, dass ein Mitglied des illustren Kreises auf die Idee kommt, einen Bekannten mitzubringen, der als besonders humorvoll, intelligent und interessant gilt. Schon haben Sie ein Problem am Hals!

Plötzlich werden Sie als Platzhirsch herausgefordert. Ein aalglatter, arroganter und selbstgefälliger Wichtigtuer macht Ihnen die traditionell unangefochtene Führungsposition streitig. Alle Sympathie und Zuneigung Ihrer feinen Freunde konzentriert sich fortan auf den »Neuen«. Sogar die, die Sie zu Ihren ergebensten Getreuen gezählt haben, gehen ihm auf den Leim. Was tun?

Sie haben die Spielregeln im Wettbewerb um die Aufmerksamkeit einst festgelegt. Kein Mensch kann Ihnen nun einen Vorwurf machen, wenn Sie diese nach Gutdünken erweitern und modifizieren. Sie sind der Boss, und dabei bleibt es! Nutzen Sie dieses Monopol und artikulieren Sie folgende Regeländerungen, die den Eindringling mit Sicherheit in die Flucht schlagen werden:

1. Verlegen Sie die Runde in ein stinkteures, nicht bezahlbares Restaurant und schlagen Sie vor, dass »Neue« ihren Einstand dort zu bezahlen haben. Damit ersticken Sie eventuelle Bestrebungen um die Vormachtstellung innerhalb der Runde im Keim. Sie müssen allerdings vorher ganz sichergehen, dass der Fremde nicht über den nötigen finanziellen Hintergrund verfügt. Sonst zückt dieser seine Kreditkarte, und der Schuss geht nach hinten los.
2. Ändern Sie kurzfristig und gegebenenfalls mehrmals Termin und Ort des nächsten Treffens. »Vergessen« Sie, bestimmte Leute darüber zu informieren. Stiften Sie so viel Verwirrung wie möglich. Das vertreibt jeden, denn wer hat schon Lust, ständig vor dem falschen Lokal zu stehen?
3. Schneiden Sie Gesprächsthemen an, bei denen der Betreffende nicht mitreden kann. Lassen Sie ihn und die anderen spüren, dass der »Neue« nicht das entsprechende Niveau für den Stammtisch mitbringt.
4. Führen Sie horrende Aufnahmegebühren für Neueinsteiger ein.
5. Machen Sie es dem Eindringling ungemütlich, indem Sie ihm das Gefühl vermitteln, dass die Abende unkalkulierbar und unberechenbar sind. Laden Sie zum Beispiel den Geliebten seiner Frau ein, vielleicht auch seinen Ex-Chef oder einen verfeindeten Nachbarn.

Der Klub gehört bald wieder ganz allein Ihnen, glauben Sie uns!

Surferkrieg im Wellenparadies

Es gibt Tage, da regnet es Bindfäden. In der S-Bahn quatscht man Sie blöd an, der Parkplatz ist belegt, das gekaufte Käsebrötchen ist trocken und im Büro warten graue Gestalten, die Sie mit Nebensächlichkeiten nerven. Widerlich, solche Tage! Wie geschaffen für Herbstdepressionen!

Was hilft in solchen Momenten? Ganz einfach: Sonne, Meer und Palmen! Eine tolle Perspektive, die ein glänzendes Licht in den tristen Alltag wirft.

Sie gehen ins nächste Reisebüro, buchen einen Flug, packen die Badesachen ein und nehmen das Surfbrett mit, denn Surfen an den Traumstränden dieser Welt ist für einen Erfolgsmenschen wie Sie natürlich das schönste Hobby. Doch seien Sie gewarnt: Ohne Mobbing kommen Sie auch hier nicht aus, wie Sie gleich sehen werden.

Neuere Berichte in den Zeitungen und im Fernsehen belegen, dass das Klima an den weltbesten Surfstränden nicht nur unter meteorologischen Aspekten rauer geworden ist. Mittlerweile geht es dort hart zur Sache, wenn die Surfer um das Recht des Erstgeborenen streiten, denn einige Gangs unter den Wellenreitern verstehen überhaupt keinen Spaß. Die einheimischen Surferbanden verteidigen ihr Revier notfalls mit unvermuteten Methoden: Sie setzen Fäuste gegen »Wellendiebstahl« ein! Weil eingeborene Freaks den Strand zu ihrem persönlichen Jagdrevier erklärt haben, geht an der kalifornischen Küste zum Beispiel nichts mehr ohne »Surfermobbing«.

Unbekannte Gesichter machen an den Stränden schnell Bekanntschaft mit den Schlägertrupps. »Du kannst der beste Surfer der Welt sein, wenn du hier nicht aufgewachsen bist, lassen sie dich nicht aufs Wasser«, so die Quintessenz derjenigen, die in Kalifornien keine Chance hatten, ihr geliebtes Brett einzusetzen, und stattdessen mit einem blauen Auge nach Hause fuhren.

Die bis zu sechs Meter hohen Wellen während der Winterstürme locken so manchen Beachboy an die kalifornischen Strände. Doch das ist die bittere Realität: Pünktlich zur Saison beginnen die Gangs mit bewaffneten Patrouillen. Wenn Sie hoch motiviert den Strand betreten und das Meer erobern wollen, könnte es sein, das Sie mit kalifornischen Wildwestattacken rechnen müssen. Wer mit fremdem Autokennzeichen am Strand parkt, hat gelegentlich aufgeschlitzte Reifen. Es kann auch passieren, dass Sie beschimpft oder im schlimmsten Fall mit Steinen traktiert werden.

Der »Surferkrieg« beschränkt sich nicht auf Kalifornien. An den Küsten von Hawaii, Australien, Südafrika herrschen ebenfalls mitunter Sitten, die nicht nur die Fans der Fernsehserie »Baywatch« für unmöglich halten würden.

Welche Möglichkeiten bieten sich für den Mobber angesichts dieser brutalen Situation? Hat man überhaupt eine Chance?

Wie immer bei Konflikten müssen Sie vor allem einen kühlen Kopf behalten. Bleiben Sie cool und überdenken Sie das Strategiearsenal. Besonders wirkungsvoll sind hier die Gerüchtediplomatie und die Unterwerfungsstrategie.

Falls Sie mehrere einheimische Gangs am Strand vorfinden, sollten Sie die Rivalität der Gruppen untereinander für sich nutzen. Als Tourist haben Sie keine Zeit, sich in langen Gesprächen der einen oder anderen Gruppe anzuschließen, sie zu sprengen oder sonstige Maßnahmen dieser Art anzuwenden.

Fragen Sie deshalb gezielt ein Mitglied der einen Gruppe, ob »die da drüben« (von der anderen Gang) hier eigentlich alles bestimmen dürfen? Versuchen Sie aktiv Zwietracht zu sähen, indem Sie die Sportler bei Ihrer Surferehre packen. Werfen Sie zum Beispiel ein: »Von denen hat einer gesagt, dass ihr miserable Surfer seid.« Oder vertrauen Sie dem einen Bandenführer an, dass der Chef der anderen Gang ein Verhältnis mit seiner Freundin hat. Das wirkt Wunder!

Der anarchische Umgang der Gruppen untereinander kann Ihr Vorteil sein: Schüren Sie den Zorn, den Neid und die Eifersucht so lange, bis das Ganze handgreiflich wird. Dann holen Sie schnell die Polizei oder sonstige Repräsentanten der Staatsgewalt. Was kann Ihnen Besseres passieren, als dass die Surferkonkurrenten abgeführt oder des Ortes verwiesen werden? Damit ist das Terrain für Sie frei.

Haben Sie es nur mit einer Gang zu tun, empfehlen wir die Unterwerfungsstrategie.

Lassen Sie am ersten Urlaubstag das Surfbrett zu Hause und organisieren Sie für die Einheimischen eine spontane Party mit allem Drum und Dran: Bier, Hamburger, Steaks, Musik und selbstverständlich hübsche Mädchen, die Sie extra in der Metropole aufgetrieben haben. Die Girls sollten Sie mit dem Versprechen ködern: »Am Strand gibt es eine kostenlose Megaparty, mit super Boys und einem genialen DJ!«

Haben Sie die Beachparty gut organisiert, avancieren Sie schnell zum

Liebling der Gang. Passen Sie aber auf, dass der Chef der Gruppe in Ihnen nicht einen neuen Konkurrenten sieht. Deshalb unterwerfen Sie sich diesem vorsorglich durch eine vorgespielte Hilflosigkeit. »Du bist ein Weltklassesurfer, könntest du mir morgen mal deine Wende zeigen?« So eine Bauchpinselung macht den Boss der Gruppe butterweich.

Das Weltmeer gehört ab sofort Ihnen.

Alle folgen der Meute – Sie nicht!

Nach einer Umfrage eines allseits geschätzten und anerkannten Männermagazins berauschen sich 70 Prozent der ausgehorchten Leser als Schnäppchenjäger im Sommer- und Winterschlussverkauf. Was wäre unser Leben, denken sich die Käufer dieses Magazins bestimmt, ohne die großen Jahrmärkte? Wen verzückt nicht der Anblick der riesigen Socken-, Unterhosen- und BH-Berge, der bunten Kittelschürzen, Billigblusen und farblich ausdrucksvoll abgestimmten Oberhemden mit Krawatten?

Wie schön könnte dieser deutschlandweite Event sein, wenn nicht an jedem Wühltisch so viele ungewaschene und verlauste Hände graben würden! Da tummeln sich massenhaft Neider, Kaufneurotiker, Freizeitboxer, Kneifzangen und andere subversive Elemente. Wie schrecklich! Nirgendwo treten sie so geballt auf wie in den gigantischen Konsumtempeln der deutschen Städte.

Ja, es ist leider so. Auch hier ist ungebremster Tatendrang unerlässlich, wenn man die einträglichsten Schnäppchen ergattern will. Wer möchte sich schon beim Gerangel und Gezerre mit den Resten und Abfällen begnügen, die andere übrig gelassen haben!

Sie gehören unzweifelhaft zu denen, die sich die begehrenswertesten Stücke redlich verdient haben. Es gibt allerdings genügend Kaufwütige, die das auch glauben.

Wie sichern Sie sich also in dem Gewühl beim Schachern um jede

Hose oder beim Kampf um jeden BH die exzellenteste Ware? Wir zeigen Ihnen jetzt, wie das geht.

Mit welcher Art Individuum wir in den Läden, an den Regalen und Wühltischen konfrontiert werden, ist hinreichend bekannt. Das sind doch alles Leute, die nichts Besseres zu tun haben, als den ganzen Tag in der Stadt herumzulaufen! Diese Typen verfügen im Gegensatz zu Ihnen über eine Menge Zeit, weil sie keinen vernünftigen Job haben und womöglich auch keine anspruchsvollen Hobbys. Diese verschwitzten Wühltischgrabscher müssen Sie endlich in ihre Grenzen weisen. Typen mit so viel Einfalt und Selbstüberschätzung kann und darf man auf gar keinen Fall dulden.

Wie gehen Sie die Sache am klügsten an? Richtig! Mit Mobbing! An dieser Stelle des Buches haben Sie bereits genug gelernt, um überall der Erste zu sein! Lesen Sie also die folgenden strategischen Vorschläge aufmerksam durch! Sie wissen ja, es geht um die Wurst!

Die beste Möglichkeit bietet die Umarmungsstrategie. Wenn Sie den Andrang an den Toren der Konsumtempel umgehen wollen, sollten Sie enge diplomatische Kontakte zu dem einen oder anderen Ladenbesitzer oder dessen Geschäftsführer aufbauen. Kleine Aufmerksamkeiten können in diesem Zusammenhang hilfreich sein. Eine so geschaffene Verbindung zu diesem Personenkreis eröffnet Ihnen unschätzbare Vorteile, weil Sie weit vor dem Sturm auf die Wühltischbastille die Auswahl treffen können. Ein liebevoll umarmter Kaufhausbesitzer wird gerne bereit sein, Ihnen ganz allein seine Highlights zu präsentieren, vielleicht am Abend vorher oder etwa eine Stunde, bevor die Horde wild gewordener Textilfetischisten die Hände in die Kisten steckt. Wenn Sie die Umarmungsstrategie besonders gut inszeniert haben, wird Ihnen der tüchtige Kaufmann sogar ein Glas Champagner und ein paar Kanapees servieren. Doch falls die Zeit aus irgendwelchen Gründen dafür nicht mehr reicht, wird Ihnen der Kaufhauschef den Weg zu den begehrten Objekten sicher höchstpersönlich bahnen und Sie von dem Bedienungspersonal bevorzugt beraten lassen.

Sollten diese Versuche fehlgeschlagen sein, weil die Krämer unter Ihrem Niveau liegen oder nicht begreifen, dass Sie solche Privilegien verdient haben, müssen Sie zu anderen Mobbing-Strategien greifen.

Sich in langen Warteschlangen, an Wühltischen oder Kassen einzureihen und dabei viel Zeit zu verschwenden, ist bestimmt nicht Ihre Sache. Gewiss kennen Sie viele Menschen, die genügend Zeit haben, Ihnen diese lästige Pflicht abzunehmen. Instrumentalisieren Sie gleich mehrere Zuträger für Ihre Kaufinteressen, indem Sie aufzeigen, wie nützlich es ist, den Sommerschlussverkaufstermin wahrzunehmen, und wie vorteilhaft das frühe Aufstehen in diesem Zusammenhang sein kann. Deuten Sie an, dass die Helfer bei diesem Ereignis wenigstens einmal im Leben ganz groß rauskommen und ihr gesamtes Durchsetzungsvermögen unter Beweis stellen können. Erzeugen Sie ein Gefühl von Gemeinsamkeit im Sinne der Solidarisierungsstrategie, indem Sie den SSV-Hilfseinkäufern Versprechungen machen und Belohnungen in Aussicht stellen, die Sie dann aber schnell wieder vergessen.

Wenn dienstbare Geister Ihnen nun den Job abnehmen und bereits um fünf Uhr früh vor den Toren der Läden stehen, bieten sich zwei Vorgehensweisen an:

1. Sie lassen sich übers Handy in Kenntnis setzen, wann es für Sie Zeit wird, den freigehaltenen Platz persönlich einzunehmen. Das hat den Vorteil, dass Sie ausgeschlafen und ausgeruht zum Absahnen kommen.
2. Sie geben den Gefügiggemachten und Gebauchpinselten gleich eine detaillierte Einkaufsliste mit, auf der präzise Angaben zu Fabrikat, Größe, Farbe und Kaufpreis stehen. Das wiederum hat den Vorteil, dass Sie in der Zwischenzeit gemütlich im Bett frühstücken und Ihren Urlaubstag genießen können.

Man muss sich schon etwas einfallen lassen, wenn man stressfrei einkaufen will. Gerade Menschen, die wie Sie mit ihrer Energie für die wirklich großen Dinge im Leben haushalten müssen, sollten mit allen Wassern gewaschen sein. Aber Gott sei Dank gibt es ja liebenswürdige Lebewesen, die helfen können, den Alltag zu erleichtern. Man muss sie nur ordentlich »umarmen«.

Es könnte natürlich durchaus passieren, dass die oben aufgeführten

Aktionen fehlschlagen. Dann müssen Sie die leidige Arbeit eben allein erledigen. Aber keine Sorge, mit der Strategie des Psychoterrors sind Sie bestens gerüstet für die Härten des Lebens.

Nehmen Sie sich aufgrund der enormen Bedeutung des Anlasses genug Zeit, um die folgenden Anleitungen genauestens zu lesen! Wir werden die geeignete Mobbing-Strategie-Abfolge sehr ausführlich beschreiben. Schließlich hängt viel für Sie davon ab.

Es kann überhaupt nicht schaden schon im Vorfeld zu prüfen, welche Läden und welche Gegenstände für sie besondere Attraktivität besitzen. Sondieren Sie zunächst die Lage, indem Sie sich in allen wichtigen Geschäften der gehobenen Klasse umschauen. Jetzt geht's los:

1. Da Sie nicht gleichzeitig in jedem Laden der Erste sein können, müssen Sie Prioritäten setzen und mit dem reizvollsten Angebot beginnen. Hier dürften Sie leichtes Spiel haben, denn Sie befinden sich in der Erstkäuferriege, weil Sie bereits sehr früh am Ort des Geschehens eintreffen. Ein abwertendes »Na ja, das gibt's bei der Konkurrenz noch weitaus billiger« oder eine süffisante Bemerkung wie »So was trägt man doch schon lange nicht mehr« dürfte in diesen Fällen genügen, um die Konkurrenz zu verunsichern. Da sie es in der Regel mit entscheidungsschwachen und schlichten Gemütern zu tun haben, brauchen Sie nicht gleich zu Anfang Ihre wertvollen Reserven sinnlos zu vergeuden. Bleiben Sie gelassen, behalten Sie die gewohnte Nonchalance und Coolness!

2. Etwas schwieriger wird es natürlich bei den weiteren Läden auf Ihrer Liste, wo Sie zu einem späteren Zeitpunkt eintreffen. Im zweiten Warenhaus kann es Ihnen nämlich passieren, dass sich längst ein anderer mit Ihrer Ware beschäftigt. Verwickeln Sie ihn in ein Gespräch und deuten Sie diskret an, wie unvorteilhaft der Anzug oder das Kleid aussieht. Seien Sie ruhig sehr nett, das wirkt glaubwürdig! Und wenn Ihr Konkurrent Ihrem guten Geschmack partout nicht trauen will, gehen Sie ihm einfach so lange auf die Nerven, bis er aus dem Geschäft flüchtet.

3. Gelegentlich geraten Sie an einen Zwangskonsumenten, der nur dieses eine und kein anderes Kleidungsstück haben will. Diesem

könnten Sie beispielsweise erzählen, dass Sie es erst kürzlich wieder umgetauscht haben, weil sie bei einer Party drei weitere Personen mit dem gleichen Fetzen auf der Tanzfläche getroffen hätten und man außerdem in diesem Material sehr schwitzen würde. Unmittelbar nach diesem freundlichen Hinweis werden Sie beobachten, wie Ihr Gegenüber mit gerümpfter Nase den Rückzug antritt.

4. Nützlich im Sinne der Psychoterrorstrategie sind ständig klingelnde Handys, plärrende Kinder und laute Kommentare. Wenn Sie dann noch mit einer unerträglich lauten und kreischenden Stimme durch den ganzen Laden tönen: »Oh, das macht Sie aber unvorteilhaft korpulent!«, sind Sie bald der einzige Kunde.

5. In kleineren Geschäften, besonders im klassischen Einzelhandel, sind Kinder eine große Hilfe. Lassen Sie diese beispielsweise rote Himbeeren, Johannisbeeren oder farbintensive Trauben verstreuen, auf denen andere Kunden ausrutschen und die gleichzeitig kräftige Flecken auf dem Boden und in der Kleidung verursachen. Sie werden sicherlich sofort zuvorkommend bedient, damit Sie nur schnell genug wieder gehen.

6. Nutzen Sie geschickt aus, wenn Ihr Kind gerade erkältet ist und mit einer Rotznase stark prustend durch die Gegend läuft. Das ist sehr hilfreich, um in der Schlange an der Kasse schnell abgefertigt zu werden.

Natürlich gibt es noch tausend andere Tipps und Tricks, die wir an Sie weitergeben könnten. Aber wir wollen es bei dieser Auswahl bewenden lassen. Übung macht schließlich den Meister. Deshalb stürzen Sie sich beim nächsten Schlussverkauf in das Getümmel – oder schicken Sie einen zuvor instruierten Freund – und nutzen Sie jede Gelegenheit, ein erfolgreicher Schnäppchen-Mobber zu werden. Nichts ist wirklich unmöglich, wenn man nur einfallsreich mobbt.

Tarzan in der Sauna oder Schwitzende Neandertaler

Gönnen Sie sich ruhig mal eine Pause. Jeder ist manchmal müde und abgespannt vom tagtäglichen Stress um Ansehen, Rang und Lebensglück. Es ist eben anstrengend, immer oben zu schwimmen und Höchstleistungen zu erbringen. Auch Sie sehnen sich deshalb nach einer echten Entspannung und einem Plätzchen, wo Sie sich nach Herzenslust so richtig fröhlich austoben können.

Wir haben lange und sehr gründlich gesucht, doch schließlich haben wir den Platz der Plätze für Sie gefunden. Die Sauna ist das perfekte Mobberparadies! Einfach fantastisch! Hier gibt es nacktes und ursprüngliches Neandertaler-Mobbing. In der Sauna werden alle Register gezogen!

Sie wissen sicher, worauf es beim Saunagang ankommt? Wir geben Ihnen einen kurzen Überblick über die wichtigsten Punkte:

1. Bedeutsam ist immer, die oberen Plätze zu erwischen, denn der Schweiß tropft bekanntlich nach unten.
2. Damit Ihr Wohlergehen gesichert ist, sollte der Bademeister einen Aufguss bereithalten, der Ihrem Geschmack entspricht.
3. Eine Liege sollte für Sie ganz allein reserviert sein, damit Ihr Nachruherecht gebührend gewürdigt wird.
4. Tauchbecken und Dusche müssen für Sie jederzeit und exklusiv zur Verfügung stehen.

Eine Sache sollten Sie trotz des enormen Erholungswerts der Sauna dennoch bedenken: Sie sind nackt und sämtliche Insignien Ihrer Macht wie Haus, Auto, Segelboot und Mann oder Frau sind nicht sichtbar. In der Sauna sind alle gleich – auf den ersten Blick natürlich nur, denn bei genauerem Hinsehen wird jeder Ihre Bedeutsamkeit unschwer erkennen.

Am brauchbarsten – und nahe liegendsten – ist die Körpereinsatzstrategie. Dazu nun ein paar Tipps:

Beim Betreten der Sauna machen Sie sich breit, blasen sich etwas auf, strecken die Brust heraus, ziehen den Bauch ein und stellen die Arme leicht nach außen, sodass die Ellenbogen ein deutliches Zeichen setzen: »Ich bin hier der Boss!« Sollte es vor Ihnen jemand gewagt haben, die obere Bank zu besetzen, bauen Sie sich vor dem »Bankbesetzer« auf und geben Sie ihm mit einem kurzen Kopfdrehen zu verstehen, dass Sie Anspruch erheben auf den besten Platz.

Geben Sie sich durch das Heben der Augenbrauen leicht pikiert, wenn die Holzfläche bereits feucht ist. Das Verdrehen der Augen verhindert, dass später ein anderer Wirrkopf es wagen wird, Ihr Territorium zu besetzen.

Wenn Sie die Bank in der obersten Reihe eingenommen haben, darf Ihre Körperspannung auf gar keinen Fall nachlassen. Blähen Sie den Brustkorb auf, halten Sie den Kopf hoch, lassen Sie die Augen regelmäßig durch den Schwitzraum schweifen, um eventuelle Angreifer von vornherein in Schach zu halten.

Sie sollten möglichst fieberhaft transpirieren. Erstens markiert das Ihr Anrecht auf die eroberte Zone und zweitens weiß man doch: Wer viel schwitzt, zeigt, dass er ein toller Saunahecht ist! Sie präsentieren sich deutlich als Häuptling der Schwitzfußindianer!

Zur Erhaltung Ihres Reviers ist es ratsam, wenn Sie recht breitbeinig, mit spitzwinklig nach außen gerichteten Ellenbogen in der Mitte der Bank sitzen, damit niemand neben Ihnen Platz hat.

Zweckmäßig ist es außerdem, wenn Sie den Schweiß überall vertropfen, sich häufig über den Körper streichen, das »Blut des Wildes« gleich mehrfach durch die Luft spritzen und dabei ein deutlich vernehmbares Brummgeräusch oder Schnauben von sich geben.

Vorteile für zukünftige Saunagänge bringt es, wenn Sie, nachdem Sie aus der Kabine kommen, im Ruheraum umhergehen, sodass jeder Sie sehen kann. Erst danach sollten Sie mit vielen urigen Geräuschen duschen, laut vernehmlich ins Tauchbecken springen und lustvoll herumspritzen. Das kalte Wasser vertreibt garantiert alle Umstehenden. Sie können zusätzlich einen Tarzanschrei ausstoßen, damit schlafende Besucher wach werden und sofort erfahren, dass jetzt der König der Sauna aufgetaucht ist! Um eine Liege im Ruheraum brauchen Sie sich nach so einem Auftritt nicht mehr zu sorgen!

Mit dieser Körpereinsatzstrategie kommen vorwiegend männliche Geschöpfe rasch zum Ziel. Für weibliche Personen müssen wir – das ist kulturbedingt – unsere Empfehlungen etwas modifizieren:

Eine Frau sollte, um an die oberste Sprosse der Saunabänke zu gelangen, tunlichst alle Schamhaftigkeit, Schüchternheit oder vermeintlich »gute Erziehung« an der Kasse zum Saunabereich abgeben.

Machen Sie von Anfang an die Augen auf. Mit Ihrer Erfahrung wird es Ihnen nicht schwer fallen, die Tarzane herauszufiltern, leicht erkennbar an der aufgeblasenen Figur. Genau diese Exemplare sind es, auf die Sie sich konzentrieren müssen. Wenn Sie Ihre Gegner eruiert haben, beginnt das entzückendste feminine Mobbing-Spiel. Unsere Frauen haben das extra für Sie getestet und waren von dem Ergebnis geradezu begeistert!

Fixieren Sie zunächst das spezifisch männliche Körperteil. Lassen Sie Ihre Augen dort verharren. Das wird aber nur dann möglich sein, wenn der Bierbauch nicht wie so oft die Aussicht verwehrt. Sie können dabei – je nach Bedarf – einen lüsternen, spöttischen oder abschätzenden Gesichtsausdruck aufsetzen. Das wird selbst den größten Macho vertreiben. Um die Sache zu beschleunigen oder Ihre Überlegenheit endgültig zu zementieren, genügt dann eine Bemerkung wie: »Sind alle in Ihrer Familie etwas kleinwüchsig?« Gelegentlich ist schon ein kurzes und spitzes »Na ja!« völlig ausreichend.

Diese Sätze besitzen die Explosionskraft einer Atombombe! Sie werden garantiert idyllische Minuten in der Sauna erleben. Die Herren werden Sie meiden wie die Pest, wenn Sie solche Anzüglichkeiten nur laut genug von sich geben!

Saunieren macht Spaß. Sie sollten sich unbedingt die Freude gönnen!

»Mother Mobbing« oder Die Vollblutmutter

Es ist Montag, und Ihr Mann geht zur Arbeit. Sie können sich mal wieder als zurückgelassene, von der Gesellschaft zu wenig anerkannte Mutter um die lieben Kleinen kümmern oder noch schlimmer: Sie sind doppelbelastet. Zuerst müssen Sie die drei Kinder mit dem Minivan in den Kindergarten fahren und dürfen anschließend ins Büro gehen, weil Ihr Versager von Ehemann zu wenig Geld nach Hause bringt. (Geben Sie ihm dieses Buch zum Lesen!)

Fühlen Sie sich benachteiligt? Warum vermarkten Sie nicht einfach Ihre Mutterrolle besser? Als Mutter mit Kind und Kinderwagen sind Sie prädestiniert für die ausgefeiltesten Formen des Psychoterrors.

Es beginnt schon in der häuslichen Umgebung. Falls Sie zu allem Elend in einem Mehrfamilienhaus wohnen, machen Sie sich den Ihnen gebührenden Respekt der Hausgemeinschaft wie selbstverständlich zu Eigen.

Welcher egoistische Single oder welches kinderlose Paar wird zu protestieren wagen, wenn Sie mit Ihren ökologisch wertvollen Stoffwindeln den gesamten Trockenraum in Beschlag nehmen? Keiner, wirklich keiner, wird auch nur eine Windel an die Seite schieben, um die eigene, völlig unwichtige Wäsche dorthin zu hängen.

Haben Sie unangenehme Nachbarn, kann penetrantes Kindergeschrei zu jeder Tages- und Nachtzeit Fluchtgedanken bei den ungeliebten Mitbewohnern auslösen, die irgendwann – Sie müssen nur ein klein wenig Geduld haben – zu deren Wegzug führen.

Was können Sie weiter tun, um Aufmerksamkeit und Beachtung zu finden? Machen Sie Ihre Erziehungsaufgabe zum Schuldgefühl der anderen, kitzeln Sie deren Rücksichtnahme gnadenlos heraus, nutzen Sie alle Muttersymbole, um von dieser Gesellschaft die gewünschte Anerkennung zu erhalten.

Gehen Sie niemals ohne Kinderwagen aus dem Haus. Mit oder ohne Kind darin, das ist völlig egal. Sie haben grundsätzlich Vorfahrt. Der Wagen garantiert Ihnen die Zuwendung Ihrer Umwelt und hilft Ihnen dabei, die Rechte einer Mutter konsequent zu verteidigen.

Am Zebrastreifen wird gehalten, lassen Sie sich ausgiebig Zeit beim Überqueren der Straße. Niemand kann von einer Mutter verlangen, dass sie ihre Gesundheit aufs Spiel setzt und in übertriebener Eile über die Fahrbahn hastet.

Sehen Sie vor sich auf dem Gehweg eine Nachbarin, die Sie sowieso nicht leiden können, weil sie im Tennis besser ist und Sie meistens besiegt, fahren Sie ihr ruhig mit dem Kinderwagen in die Hacken. Als schwer beschäftigte Mutter können Sie nicht immer Rücksicht auf alle Passanten nehmen. Abgesehen von dem befriedigenden Gefühl der Genugtuung wird Ihnen der kleine Angriff auf die Beine der Tennisgegnerin beim nächsten Spiel bestimmt weiterhelfen.

Im Geschäft drängeln Sie sich vor. Der Kleine muss schließlich nach Hause ins Bett. Halten Sie für entsprechende Gelegenheiten einen Kassettenrekorder mit Babygeschrei bereit, den Sie bei Bedarf abspielen können, um Ihre Argumente zu untermauern. In Supermärkten können Sie die Gänge zwischen den Regalen mit dem Kinderwagen blockieren. Das ermöglicht Ihnen eine ungestörte Auswahl sowie einen erheblichen Vorsprung an der Kasse. Im Lokal stillen Sie hemmungslos: Das Rauchen wird eingestellt, der Geräuschpegel sinkt sofort.

Besondere Beachtung finden Sie beim Autofahren. Der Aufkleber »Baby an Bord« würde selbst Michael Schumacher in die Knie zwingen. Diese Information für alle anderen Verkehrsteilnehmer berechtigt zum behutsamen Fahren bevorzugt auf der linken Autobahnspur, zum langsamen Anfahren an Ampeln und zum verbotenen Parken.

Seien Sie sich stets der Tatsache bewusst: Sie sind privilegiert!

Wahre Sternstunden können Sie bei Bastelabenden und Elterntreffen in Kindergarten und Schule erleben. Als Vollblutmutter spielen Sie allein durch Ihre allgemein erkennbare Erschöpfung jeden anderen an die Wand. Sie werden zum Schweigen verdammt sein, wenn Sie ausführlich über Ihren aufopfernden pädagogisch wertvollen Ganztagseinsatz referieren. Ihr Ego wird voll bestätigt, man schont Sie und befreit sie von lästigen ehrenamtlichen Aufgaben.

Auch Ihr Ehemann wird an den Wochenenden und im Urlaub versuchen, Sie für Ihre selbstlose Erziehungsarbeit zu entschädigen und spüren zu lassen, dass Sie die einzige Stütze der Familie und letztlich unserer Gesellschaft sind. Nutzen Sie sein schlechtes Gewissen getrost aus. Stellen Sie Forderungen und schaffen Sie sich Annehmlichkeiten. Denn irgendwann sind die Kinder erwachsen, Ihr glückliches Mutterdasein findet ein Ende – und Sie müssen eine neue Mobbing-Strategie für sich entdecken.

Ehe-Killing

Jetzt geht es um ein heikles Thema, das für Sie unter bestimmten Umständen jedoch von elementarer Bedeutung sein kann: die Trennung
von Lebenspartnern. Bei einer Scheidungsrate von nahezu 30 Prozent
kann jeder von uns irgendwann davon betroffen sein. Deshalb sind
auch hier einige Mobbing-Ratschläge unverzichtbar.

Freuen Sie sich eigentlich auf Ihren Partner oder Ihre Partnerin,
wenn Sie abends nach Hause kommen? Oder hängen Sie lieber ein bis
zwei Überstündchen dran, um das Scheusal nicht sehen zu müssen?
Fühlen Sie sich drangsaliert, gepeinigt, genervt oder mit dummen
Haushaltsaufträgen schikaniert?

Haben Sie zudem das Gefühl, Ihr Lebensgefährte liebt Sie schon lange nicht mehr und stört sich an Nebensächlichkeiten wie den Haaren
im Waschbecken, schmutzigen Unterhosen auf dem Boden oder leeren
Bierflaschen auf dem Tisch?

Wenn Sie so etwas noch nicht selbst erlebt haben, beglückwünschen
wir Sie von ganzem Herzen. Sie brauchen dann im Prinzip an dieser
Stelle nicht mehr weiterzulesen. Wenn aber auch Sie – wie Millionen
andere Menschen – unter einer abgestumpften, lieblosen Beziehung
leiden, führen Sie sich dieses Kapitel in aller Ruhe zu Gemüte. Vielleicht bei einem schönen Glas Wein, während Ihr Mann schon wieder
vor dem Fernseher eingeschlafen ist oder Ihre Frau in einer Tour her-
umnörgelt.

Ein kurzes Beispiel:

Mit Ihrem Mann ist kein vernünftiges Gespräch mehr möglich, weil
er denkfaul und schwerfällig ist. Er geht Ihnen zunehmend auf die Nerven, denkt nur noch an den Beruf und an die Bundesliga, stellt heimlich
fremden Frauen nach und lässt Sie immer häufiger am Wochenende
sitzen, weil er angeblich »dringende auswärtige Termine« wahrnehmen
muss. Um seine treu sorgende Ehefrau kümmert sich dieser Egomane
überhaupt nicht mehr. Deshalb reift in Ihnen der Gedanke, das Sofa-
Ungeheuer endgültig loszuwerden. Normalerweise könnten Sie dieses
Problem mit einer vernünftigen, sachlichen Auseinandersetzung unter

intelligenten Erwachsenen aus der Welt schaffen. Sie stellen allerdings fest, dass dies nicht funktioniert, weil Ihr Mann – wie erwartet – ein Gehabe von ausgesuchter Einfalt und Penetranz an den Tag legt.

Ihr Partner stellt also plötzlich Ansprüche. Das darf doch wohl nicht wahr sein! Von daher erfordert die Trennungsaufgabe den strikten und kompromisslosen Einsatz aller bekannten Mobbing-Strategien!

(Anmerkung! Das Wichtigste ist: Halten Sie sich den Teufel vom Leib. Wir müssen Sie wohl nicht explizit auf die Gefahren hinweisen, die mit der Körpereinsatzstrategie verbunden sind, oder? Lesen Sie lieber vorher das Kapitel: »Der Feind in meinem Bett«. Es besteht sonst die Gefahr, dass Sie auf seine Schleimereien und Beteuerungen nach dem Motto »Es wird alles besser, das versprech ich dir« hereinfallen. Von diesen faulen Kompromissen haben Sie doch wirklich genug gehört.)

Nachfolgend einige Tipps mit Erfolgsgarantie:

1. Überraschen Sie Ihren Ehemann mit der Erlaubnis, dass er einen Kegelausflug mit seinen Freunden unternehmen darf. Sobald er im Flugzeug nach Mallorca sitzt, lassen Sie seine persönlichen Sachen und das Zeug, das Sie schon lange zum Sperrmüll bringen wollten, von einer Spedition abholen und einlagern. (Die Rechnung buchen Sie natürlich von seinem Konto ab.)

2. Unterbinden Sie alle Kontaktmöglichkeiten mit dem Ex. Ändern Sie die Telefonnummern, stellen Sie die Türklingel ab und gehen Sie nur noch in einer anderen Stadt aus. Knallhart und unnachgiebig bleiben! Lassen Sie sich auf keinerlei Verhandlungsgespräche ein! Geben Sie keine Erklärung mehr ab, er würde Sie doch nicht verstehen.

3. Verbreiten Sie überall das Gerücht, er hätte auf Mallorca eine neue Freundin kennen gelernt und wäre ausgezogen. Außerdem hätte er Sie geschlagen, gequält und unterdrückt, sodass Sie sich verstecken müssten. In dieser ersten Trennungszeit ist es nicht angebracht, besonders attraktiv zu wirken. Erwecken Sie bei Familie, Freunden und Kollegen den Eindruck, es ginge Ihnen entsetzlich schlecht. Spielen Sie die Kranke, die sich kaum auf den Beinen halten kann.

Erzählen Sie von Ihren körperlichen Leiden, zumindest so lange, bis die Scheidungskonditionen vom Rechtsanwalt festgezurrt sind.

4. Lassen Sie sich von sämtlichen Freunden bedauern. Zeigen Sie, wie sehr Sie leiden. Behaupten Sie, Sie hätten den Verflossenen über alles geliebt, obwohl er Sie ständig schlecht behandelt und betrogen hat. Ihr ganzer Körper muss Trauer signalisieren. Das kann kein Mensch lange ertragen, niemand kann so etwas mit ansehen. Alle werden mit Ihnen fühlen und Ihren Ex-Mann verachten.

5. Nehmen Sie Kontakt mit den Verwandten und Freunden Ihres Mannes auf. Erzählen Sie haarklein, was er für ein Fiesling ist. Nehmen Sie ihm dadurch den letzten Rückhalt in seiner Familie. Hilfe hat er doch wirklich nicht verdient.

6. Schaffen Sie das gesamte Geld, alle Aktien und sonstigen Vermögenswerte auf die Seite. Empfehlenswert sind Schließfächer und Auslandskonten. Verbreiten Sie gleichzeitig überall, dass Sie rein gar nichts mehr besitzen. Das erregt Mitleid auf der ganzen Linie. Sie werden sich vor kleinen Geschenken und netten Einladungen nicht retten können. Und – besonders wichtig – sogar der Anwalt Ihres Mannes wird während der Verhandlung heimlich auf Ihrer Seite stehen.

7. Versuchen Sie, eine langweilige Freundin zu bewegen, Ihren alten Ehemann zu übernehmen. Gelingt das, wird die Scheidung für Sie noch besser verlaufen, denn er wird vor lauter Glückshormonen die Realität verdrängen und weitere Zugeständnisse machen.

Wenn alles vorbei ist, Sie endlich allein und mit einem stattlichen Budget ausgestattet die ehemals eheliche Vorstadtvilla bewohnen, ist es Zeit auszuruhen. Schicken Sie die Kinder zu den Großeltern, buchen Sie einen Flug in die Karibik, lassen Sie sich verwöhnen und lachen Sie sich einen neuen Liebhaber an. Jede noch so perfekte Meisterin der Königsstrategie braucht mal eine Pause, denn das nächste Mobbing-Opfer kommt bestimmt. Und dann müssen Sie doch wieder gut gerüstet sein, oder?

Fit for Life oder »Früh übt sich ...«

Als Eltern von niedlichen, kleinen Kindern, aus denen einmal ordentliche und erfolgreiche Mitglieder einer Mobbing-Gesellschaft werden sollen, tragen Sie eine enorme Verantwortung. Erziehung ist das spielerische, intelligente, liebevolle, aber auch disziplinierte Heranführen der Sprösslinge an die nötigen Verfahrens- und Verhaltensweisen des »Spiels um den Platz an der Sonne«. Nicht nur wir sind dieser Meinung, auch Erziehungsspezialisten sagen das.

Nehmen Sie Ihren erzieherischen Auftrag ernst. Lassen Sie sich weder von hennagefärbten Alternativmüttern in Birkenstocksandalen noch von privaten Baumschulen mit unzeitgemäßen pädagogischen »Inseln« verunsichern.

Wenn Sie wollen, dass Ihr Kind lebenstüchtig, durchsetzungsstark und später ein Häuptling in unserer Gesellschaft wird, müssen Sie ihm auf seinem steinigen Weg dorthin mit den richtigen Lehren zur Seite stehen. Legen Sie den Grundstock dazu in der Kindheit.

Bei der 14. Shell-Studie wurden 2500 junge Menschen zwischen 12 und 25 Jahren befragt. Für sie war klar: Sie wollten Aufstieg statt Ausstieg und ihr Leben nach diesem Motto gestalten. Unsere Kinder wollen also gar keine entscheidungsschwachen Softies sein, sie wollen Erfolg und Karriere – und dabei werden wir ihnen helfen.

Wir zeigen Ihnen, wie Sie Ihrem Erziehungsauftrag nachkommen müssen, um am Ende des Prozesses sagen zu können: »Das ist mein Sohn, der Herr Manager!« Vielleicht auch: »Das ist meine Tochter, sie ist Kinderärztin!« Oder: »Mein Sohn ist soeben Konzernchef geworden.«

Kinder zu erziehen ist die größte Chance Ihres Lebens! Und Sie wissen ja, was auf dem Spiel steht. Denken Sie immer daran: Das Glück der Nachkommen hängt von einer guten Mobbing-Erziehung ab!

Von Anfang an kommt es darauf an, ganz vorne mitzumischen. Das ist die wichtigste Devise von der Stunde der Geburt bis zum letzten Atemzug. Sie gilt für die Stellung in der Krabbelgruppe, im Kindergarten, in der Schule und auf dem Schulhof, in Pfadfindergruppen, Musik-

kapellen, Chören, beim Schulausflug, im Flötenunterricht, im Jugend-
haus, in der Teeniedisko, im Schwimmbad, beim Eislaufen und in der
Fußballmannschaft.

Noch etwas müssen Sie unbedingt bedenken: Der Apfel fällt bekanntlich nicht weit vom Stamm! Und an der Qualität des Apfels erkennt man leicht die des Baumes. Oder haben Sie schon mal unter einem Pfirsichbaum eine taube Nuss gefunden? Engagieren Sie sich also
für den Nachwuchs, opfern Sie sich auf – schon in Ihrem eigenen Interesse. Oder möchten Sie irgendwann einmal hören müssen: »Ist dieser
Langweiler und Verlierer tatsächlich Ihr Sohn?« So weit darf es nicht
kommen.

Sicher sind auch Ihnen schon einmal völlig unschuldige und schein-
bar interessierte Fragen wie diese begegnet: »In welche Schule geht Ihr
Sohn eigentlich?« »Wie viel PS hat denn dein neues Auto?« »Wie viele
Quadratmeter hat denn Ihr neues Haus?« Bei solchen scheinheiligen
Herabsetzungsversuchen muss man sofort aktiv werden. Wappnen Sie
sich vor diesen einfältigen Angriffen zum Wohl Ihres Kindes. Wenn es
erst einmal ins Hintertreffen geraten ist, wird es umso schwerer, den
Anschluss an die karrierebewussten Kids zu finden.

Wenn Ihr Kind später zu denen gehören soll, die in der Gesellschaft
was zu sagen haben, müssen Sie alles investieren, was Ihnen zur Verfügung steht. Keine Kosten und keine Mühen dürfen Sie scheuen, um
den Start der Nachkommenschaft ins Leben so effektiv wie möglich zu
gestalten.

Ökologisch korrektes Holzspielzeug hilft da nicht weiter. Der Umgang mit Aggressionen, das Durchsetzen mit Ellenbogen, das Ausnüt-
zen eigener Vorteile will gelernt sein und muss wachsen. Seien Sie Ihrem Kind stets ein Vorbild!

Barbie-Puppen und Lego-Steine sind das eine. Aber erinnern Sie sich
nicht selbst, wie wichtig ein Revolver, ein Plastikschwert oder ein Panzer waren? Daher geben wir hier, gestaffelt nach Altersklassen, kleine
Anregungen dafür, wie Sie mit zweckmäßigem Spielzeug vom ersten
Schrei Ihres Säuglings an die Weichen stellen für das Fernziel aller ver-
antwortungsvollen Mobbereltern: »My Baby for Präsident.«

Alter	Lehrmaterial	Lernziel
0-1 Jahr	Mobile mit kleinen Boxhandschüh-chen, Rasseln in Form von kleinen Keulen, Königskronen, Bettwäsche mit Seeräuberdesign	Steigerung des Angriffspotenzials, Teil I
1-3 Jahre	Wasserpistolen, Handschellen, Bau-kästen für Wasserbomben. Erste Lehrfilme mit Räubern, klugen Hexen und schnellen Autos. Ach-ten Sie bei der Filmauswahl auf ein »gutes Ende« für den Mobber!	Steigerung des Angriffspotenzials, Teil II
4-6 Jahre	Der Umgang mit Geräten wie Knallerbsen, Mausefallen, Wäsche-klammern, Scheren usw. ist jetzt dringend erforderlich	Steigerung des Angriffspotenzials, Teil III
6-10 Jahre	Lehrfilme von Karl May. Einstudie-ren von Fertigkeiten des Abschrei-bens oder »Mauerns« in der Schule. Anmeldung in Kampfsportgruppen	Steigerung des Angriffspotenzials, Teil IV
10-14 Jahre	*Bravo* lesen	Steigerung des natürlichen sexuel-len Lustempfindens zwecks sinnvoller Entspannung, Teil I
14-18 Jahre	*Playboy* lesen	Steigerung des natürlichen sexuel-len Lustempfindens zwecks sinnvoller Entspannung, Teil II

Die richtige Auswahl von Spielzeug und Fortbildungsliteratur ist eben-so von Bedeutung wie das Erlernen des zwischenmenschlichen Um-gangs. In allen Stadien, die Ihr Kind durchläuft – Kindergarten, Schule, Berufsausbildung –, spielt Mobbing eine tragende Rolle. Mobbing ist

– wie es dieses Buch zeigt – der Schlüssel zum Erfolg in unserer heutigen Individualgesellschaft. Aber von nichts kommt nichts! Deshalb kann man nicht früh genug mit einer erfolgsorientierten strategischen Erziehung anfangen.

Ein kluger Umgang mit Aggression ist ganz leicht spielerisch zu erarbeiten. Scheuen Sie sich nicht, dem kleinen Racker Spielzeug zum Erproben sozialer Fähigkeiten zu schenken. Spätestens ab dem Sandkastenalter wird er nicht mehr auf Kriegsspielzeug, Tomahawk, Wasserpistole, Pfeil und Bogen, Gummimesser, Zwille, Fangnetze und Fliegenpatschen verzichten können.

Es hilft nichts, dem Kind eine heile Welt vorzugaukeln, wenn jeden Tag persönlich und über die Medien vermittelt das Gegenteil erlebt wird. Die Realität erschlägt jede Illusion. Sie müssen die Fakten ernst nehmen und sich an der Wirklichkeit orientieren. Bereiten Sie Ihr Kind darauf vor, machen Sie es lebenstauglich und führen Sie es in die Brutalität des Alltags ein.

Warum spielen Sie nicht im Sandkasten Schlachten aus der Geschichte mit Ihren Kindern nach? Geben Sie Ihnen Tipps aus dem eigenen Mobbing-Leben, wenn sie sich gegen Gleichaltrige durchsetzen müssen?

Die moderne Erziehung ist höchst kompliziert geworden, und die strategische Planung erfordert ein noch nie da gewesenes Maß an geistiger Vorarbeit. Militärische und diplomatische Lehrbücher können dabei sehr behilflich sein. Statt des Abendgebetes bietet sich das Vorlesen jeweils einzelner Abschnitte aus dem zeitlosen Werk des preußischen Generals Carl von Clausewitz *Vom Kriege* an, in dem Planung und Durchführung militärischer Operationen kompetent und praxiserprobt betrachtet werden.

Denken Sie daran, dem Kleinen zum Schulstart eine Schultüte mit den dicksten Schokoriegeln mitzugeben. So kann sich Ihr Kind gegenüber den Mitschülern gleich richtig in Szene setzen. Ein Laser-Pointer tut ebenfalls gute Dienste. Er überzeugt die Lehrer schon am ersten Tag von den tollen Fähigkeiten Ihres Nachwuchses. Und sollte sich der Sohnemann einmal benachteiligt fühlen, kann er dem Schulerzieher mit dem roten Licht wunderbar die Augen blenden.

Früh übt sich also, wer ein Meister werden will. Lassen Sie aus Liebe zu Ihrem Kind all Ihre pädagogischen Fähigkeiten spielen.

Hier die wichtigsten Erziehungsgrundsätze im Überblick:

1. Überwachen Sie den gepflegten Umgang Ihrer Kinder!

Sie werden feststellen, dass sich irgendwelche Neider und Langweiler gern an Ihre blitzgescheiten Kinder hängen, ihnen schmeicheln, um dann Vorteile daraus zu ziehen. Es ist hier wie in der Erwachsenenwelt. Deshalb müssen Sie systematisch die richtigen Freunde für Ihr Kind auswählen. Schauen Sie sich als Erstes die Eltern genau an. In die engere Wahl kommen nur solche, die Ihrem Niveau entsprechen. Alle anderen Kameraden, die die Kinder mit nach Hause schleppen, können Sie durch kindgerechtes Mobbing getrost eliminieren. Das ist dann auch gleich ein beeindruckender und unabdingbarer Anschauungsunterricht für die Nachkömmlinge.

2. Nehmen Sie hochwertige Bildungsangebote in Anspruch!

Eine gute Schule mit exzellentem Ruf ist eine Selbstverständlichkeit. Machen Sie sich unbedingt die Lehrer und Rektoren zu Verbündeten. Umarmen, solidarisieren und bestechen Sie, so gut Sie können.

Abschreiben lassen in Klassenarbeiten und Prüfungen ist höchst unfair. Jeder muss sich seine Erfolge selbst erarbeiten! Oder finden Sie es gerecht, wenn andere Kinder vom Fleiß Ihrer Sprösslinge profitieren? Gewiss nicht. Üben Sie mit Ihren Kindern Abwehrstrategien ein.

Förderliche Dienste in der Mobbing-Erziehung leisten sämtliche Übungen, Kurse und Unterrichtsmöglichkeiten, die sich nur irgendwie in den Zeitplan der Kinder einbauen lassen. Hier können Sie Ihr Organisationstalent beweisen. Haben Sie bitte keine Angst davor, Ihr Kind zu überlasten. Boris Becker oder Steffi Graf wären sicher nicht so erfolgreich geworden, wenn deren Eltern sie nicht ständig überfordert hätten.

3. Kleidung, Accessoires und Equipment sind unumgänglich!

Neue Trends und Entwicklungen sollten Sie unbedingt frühzeitig erkennen, um darauf prompt reagieren zu können. Wenn Sie beispielsweise bemerken, dass eine neue Sportart im Kommen ist, dann bitte nicht lange warten, sondern starten! Wenn Ihre Kinder erst Wochen und Monate auf glühenden Kohlen sitzen müssen, bis das Christkind kommt, ist der Spuk vielleicht schon wieder vorüber. Was nützt ein schönes neues Skateboard, wenn alle anderen Kinder schon eins haben und man sich als Anfänger auf die Straße begeben muss? Verlassen Sie sich auf die Aussagen Ihrer Kinder. Die wissen in der Regel genau, was sie brauchen.

Erklären Sie Ihrem Kind gleich, dass es seine Sachen für sich behält, nicht verleiht oder mit anderen teilt. Sonst sieht womöglich das neue Fahrrad nach wenigen Tagen schon wie ein Gebrauchtrad aus. Wie peinlich!

Die einzige Hürde, die Sie zu bestehen haben, ist die Pubertät Ihrer Kinder! Viele Leser kennen das Problem, die Autoren natürlich auch. Es ist die Phase, in der alles, aber auch wirklich alles infrage gestellt wird, was den Eltern »wert und wichtig« ist! Diese Jugendlichen haben plötzlich ungeheuren Spaß am Elternmobbing! In unserer Zeit müssen Sie unter Umständen Ihre eigenen Mobbing-Strategien verstärkt auf Ihre Kinder anwenden, sonst tun die es gegen Sie! Bleiben Sie auf jeden Fall hart, sonst geht alles den Bach runter, was Sie in der Kinderstube durch liebevolle Mobbing-Erziehung aufgebaut haben.

Tatort Schule

Sie erinnern sich bestimmt noch an Ihre Schulstreiche. Die Tricks für die Lehrer und besonders für die Referendare, die sowieso schon mit zitternden Knien vor der Klasse stehen, sind seit Jahrzehnten bewährt. Nur, was haben sie Ihnen wirklich gebracht? Im besten Fall waren Sie der Held, und Ihre Mitschüler haben Sie verehrt für Ihren Witz und Ihren Mut. Im schlechtesten Fall haben Sie aber lediglich den Zorn des Lehrers auf sich gezogen, in sich vereint und gebündelt, sodass Ihr Schulleben notenmäßig zur Hölle entartete.

Das muss nicht sein. Als guter Mobber, der den eigenen Kindern zu einem noch besseren Leben verhelfen möchte, klären Sie als Erstes einmal mit Ihrem Nachwuchs, worauf es ankommt. Wenn der Sprössling für seine Mobbing-Aktionen von den Mitschülern Beifall bekommt, umso besser. Entscheidend ist jedoch die Schulkarriere. Mit wenig Anstrengung ein Maximum an Erfolg. So handelt das brave Mobberkind!

Erste Grundregel: Gut abgeschrieben in der Klassenarbeit ist besser als schlecht gelernt. Die wichtigste Voraussetzung für gelungenes Abschreiben ist, Handschriften auch aus der Ferne perfekt entziffern zu können. Gerade die guten Schüler, neben die man sich zu diesem Zweck in jedem Fall setzen sollte, legen oft keinen Wert auf Schönschrift. Im Unterschied zu den Schülerinnen vom Typ »fleißiges Lieschen«, die mit Buntstiften bewaffnet aus jedem Tafelabschrieb eine Tagebuch-Malaktion machen, haben es gute Schüler nicht nötig, sich beim Lehrer durch kalligrafische Extratouren anzubiedern und die Unterwerfungsstrategie derartig auszunutzen.

Der schwierigste Part beim Abschreiben ist, nicht entdeckt zu werden. Wie kann man das am besten verhindern? Die in der Praxis erprobte optimale Strategie besteht darin, erst gar nicht in den Kreis der Verdächtigen zu geraten. Wer selbst gut im Unterricht mitmacht und keine allzu dummen Kommentare abgibt, kommt nicht in Gefahr, vom Lehrer bei der Klassenarbeit überwacht zu werden. Im Notfall sollte man auch mal in der Lage sein, eine Klassenarbeit ohne fremde Hilfe mit passabler Note zu überstehen. Sonst fällt es auf, wenn der gute Schüler nebenan bei einem Test tatsächlich einmal krank ist. Schon aus diesem Grund empfiehlt es sich immer, am Vorabend oder besser noch am Morgen der Arbeit bei dem betreffenden Mitschüler anzurufen und sich unter dem Vorwand irgendeiner fachlichen Frage nach dessen Gesundheitszustand zu erkundigen.

Für diejenigen, die als Schüler weniger befähigt sind, muss eine einfache Grundregel gelten: Eine Sekunde hinsehen, zwei Sekunden wegsehen! Niemals »festlesen« am Schreibwerk des Nachbarn. Und dabei einen immer wieder gern gemachten Fehler vermeiden: Nicht den Namen des Nachbarn auf das eigene Papier abschreiben! Das geht ganz sicher ins Auge.

Prinzipiell gilt für alle Schüler: Die Unterwerfungsstrategie kann nicht falsch sein. Lehrer sind meistens selbst geknechtete Schüler, die zu kurz gekommen sind und ihre Schulzeit nicht ganz verwunden haben. Als kompensatorische Handlung wählen sie deshalb den Lehrerberuf, um die eigene harte Schulzeit zu verarbeiten. Für den Rest des Berufslebens sehnen sie sich nach autoritärer Selbstdarstellung und schätzen deshalb die Unterwürfigkeit ihrer Schützlinge. Gebt also, liebe Schüler, den Lehrern, was sie wollen! Bedient die psychische Deformation des Lehrkörpers und stellt Euch willig! Es wird nicht Euer Schaden sein.

Dabei gibt es verschiedene Varianten. Einerseits kann man sich permanent als interessiert und wissbegierig, aber dumm darstellen. Andererseits kann man ständige Überforderung signalisieren. Gegenüber einem Lehrer ist es niemals ratsam anzudeuten, dass man sich nicht ausreichend gefordert fühlt. Das weckt das unweigerliche Verlangen, den Schülern zu zeigen, wer der wahre Meister ist. Ein solches Kräftemessen kann der Schüler nur verlieren. Denn eins ist sicher: Die Möglichkeiten für einen Lehrer, seine Macht in Form von Prüfungen und Noten auszuspielen, sind quasi unbegrenzt.

Aber wie genau mobbt der Lehrer die Schüler? Als gelernter Pädagoge nutzt er die Kraft der Gruppe zur Selbstdisziplinierung, indem er durch Lob und Tadel, gute und schlechte Noten, Großzügigkeit und Strafarbeit für einen natürlichen Wettbewerb in der Klassengemeinschaft sorgt. Ein bewährtes Mobbing-Instrument, um die Klasse endlich ruhig werden zu lassen: das Tafel-Kleeblatt. (Funktioniert allerdings nur bis zur Mittelstufe, danach wirkt es lächerlich.) Sie erklären die Spielregeln: Bei jeder Störung malen Sie ein Blatt eines vierblättrigen Kleeblatts an die Tafel. Wenn alle vier Blätter auf der Tafel sind, malen Sie den Stiel. Ist das Kleeblatt auf diese Weise vollständig geworden, erhalten die Schüler die gerechte Strafe: Hausaufgaben, mündliche Prüfungen, Vermerke im Lehrernotizbuch usw. Nachsitzen ist nicht sonderlich empfehlenswert. Welcher Lehrer will schon freiwillig Überstunden machen?

Wie schlecht muss sich der Schüler fühlen, dessen Verhaltensauffälligkeiten für den Stiel des Kleeblatts verantwortlich sind! Jedem Lehrer wird es leicht fallen, den Rest der Klasse davon zu überzeugen, dass dieser missratene Kamerad der Sündenbock ist. Er hat schließlich die Strafe verschuldet. Mit dieser geschickten Solidarisierungsstrategie ist der Zusammenhalt in der Klasse im Nu zerstört. Bei älteren Schülern kann man das Prinzip beibehalten, allerdings mit einem anderen altersgerechten Aufhänger als Tafelbild für das »Anzählen« der Klasse. Vielleicht ein Galgen. Alle Kinder schauen doch gern Gruselfilme.

Während Sie als Lehrer am besten auf die Selbstdisziplinierung der Klasse sowie das Ändern der Spielregeln setzen, sollten Sie sich gegenüber Ihren Kollegen mit den Schülern verbünden. Eine erprobte Taktik ist, nach außen den *good guy* zu spielen. Seien Sie derjenige, der Zusagen macht oder sich, wenn er Schlechtes über andere Lehrer zu berichten weiß, als Überbringer der Nachrichten sogleich davon distanziert. Das ist zwar nicht ganz nett, vielleicht auch nicht ganz loyal, aber immer sinnvoll, wenn Sie in der Schulhierarchie noch aufsteigen wollen.

Wenn die Schüler Sie als ihren Interessenvertreter akzeptieren, machen Sie diese zu neuen Verbündeten. Aber denken Sie immer daran: Schüler sind als Medium zum Beispiel der Gerüchtediplomatie ganz gut geeignet. Sie können jedoch nicht auf sie zählen, wenn Sie selbst in Schwierigkeiten geraten. Machen Sie deshalb nicht zu oft von dieser Taktik Gebrauch, konzentrieren Sie sich lieber direkt auf Ihre Kollegen.

Im Lehrerkollegium gehen Sie ganz ähnlich vor. Streuen Sie Gerüchte, schaffen Sie neue Loyalitätsverhältnisse, suchen Sie Verbündete. Nichts ist destruktiver für die Karriere eines Konkurrenten als ein intensiver, ausführlicher Tratsch im Lehrerzimmer. Hier gedeihen Neid und Missgunst prächtig, weil im Grunde jeder mit seiner eigenen Situation unzufrieden ist und sich zu Höherem berufen fühlt. Säen Sie Zwietracht, einen fruchtbareren Boden werden Sie nirgendwo finden. Ein guter Freund oder Studienkollege, der es schon ins Oberschulamt oder ins Kultusministerium gebracht hat, ist ebenfalls eine gute Adresse, um ein paar aufschlussreiche Geschichten über den unfähigen Rektor oder überforderten Fachleiter loszuwerden. Wenn es funktioniert, haben Sie sogar ein gutes Werk vollbracht. Der alte Rektor wird befördert und in der Verwaltung kaltgestellt. Sie wiederum nutzen diese

Chance zum Aufstieg. Denn wenn Sie schon das ganze Leben lang freiwillig mit dem Fahrrad zur Schule fahren, sollten Sie wenigstens das Beste daraus machen!

Platzreife

Spielen Sie Golf? Diese Frage kann bei einer großen Persönlichkeit wie Ihnen natürlich nur bejaht werden. Unangenehmer ist unter Umständen die Frage nach Ihrem Handicap, denn womöglich liegt es nur im durchschnittlichen Mittelfeld. Oder haben Sie tatsächlich gerade nur Platzreife? Das wäre ja schlichtweg unerträglich!

Da Ihnen intensives Training und teure Stunden bei den besten Trainern offenbar nicht geholfen haben und Sie die kleinen Kunststoffbälle immer noch nicht richtig treffen, müssen Sie versuchen, mit anderen Mitteln ein besseres Licht auf Ihre ansonsten herausragende Erscheinung zu werfen.

Geradezu brisant wird die Situation, wenn ein Ihnen zutiefst unsympathischer Kollege Sie zu überholen droht, Ihnen den Rang abläuft und Sie gesellschaftlich zu ruinieren anschickt.

Erinnern Sie sich an Ihre Mobbing-Qualitäten. Das baut auf und zeigt Ihnen, wie Sie das Problem in den Griff bekommen können. Der Tag wird kommen, und Sie finden sich bei einem Turnier im Flight mit Ihrem Rivalen wieder, der zu allem Überfluss ein Könner ist und sofort eine gute golferische Leistung vorlegt. (Sie wissen nicht, was ein Flight ist? Undenkbar. Also Nachhilfeunterricht: Ein Flight ist eine Golfrunde mit maximal vier Spielern. Die Theorie sollten Sie doch wenigstens beherrschen!)

Wie unerträglich für Sie hinterherzuhinken. Die Lage ist ernst. Sie müssen subtil das Blatt wenden.

Welcher Typ ist Ihr Konkurrent? Vielleicht ein eher harmoniesüchtiger Schleimer? Dann »umarmen« Sie ihn zärtlich und reden so viel und so freundlich mit ihm – vor allem kurz vor dem Abschlag –, dass er die

Konzentration verliert, Fehler macht und Sie die Chance zum Überholen haben. Besser noch: Sie greifen tief in die Trickkiste der Gerüchtediplomatie und des Psychoterrors. Verunsichern Sie den verkappten Tiger Woods restlos mit kurzen Einwürfen wie »Ihre Frau ist gerade mit dem Pro in der Umkleidekabine« oder »Ich habe vorhin den Gerichtsvollzieher in Ihrer Firma gesehen«. Der Erfolg bleibt nicht aus. Die Tücke des Objekts macht es natürlich erforderlich, dass Sie zumindest mittelmäßige Leistungen zeigen und die Standardschläge beherrschen.

Ist Ihr Gegner eher ein Neutrum, müssen Sie den ganzen Fächer von Strategien aufblättern. Achten Sie in jedem Fall darauf, sein Zähler zu sein. Im Zweifel entscheiden dann Sie, wie viele Schläge für eine Bahn bei ihm eingetragen werden. Gehen Sie mit der richtigen Schlagzahl großzügig um und zählen Sie bei Ihrem Gegner ruhig immer einen Schlag mehr. Schnell wird es zu »ungewollten« Widersprüchlichkeiten kommen. Zweifeln Sie seine Korrektheit an. Solche kleinen Reibereien stören die sportlichen Höhenflüge. Seine Schläge werden nun häufiger daneben gehen. Er wird auch zu keinem ruhigen Putt mehr kommen. Der Ball wird kaum noch im Loch verschwinden, sondern einfach an der Lochkante abspringen.

Kommentieren Sie die Fehlschläge. Auf Dauer wird der Konkurrent das psychisch nicht verkraften. Er wird todsicher ins Straucheln kommen, sich frustriert zu unflätigen Ausdrücken hinreißen lassen und damit die anderen Mitspieler schockieren.

Schlagen Sie weiter in diese Kerbe. Bezweifeln Sie hinter vorgehaltener Hand die spielerischen Fähigkeiten des Kontrahenten: »So ein Crack scheint das gar nicht zu sein, der hat sein Handicap wahrscheinlich auf Privatrunden geschenkt bekommen.«

Bei Wasserhindernissen und Bunkerlandschaften führen kurze Kommentare wie »Der Ball ist vermutlich verloren«, »Vorsicht, Wasser zieht magisch an« oder »Aus diesem Sandbunker kommt so leicht niemand heraus« zu Verkrampfungen. Gilt es, einen gegnerischen Ball zu suchen, insbesondere im hohen Rough, dem wild wuchernden Gras am Rande der eigentlichen Spielbahn, werden Sie um Gottes Willen nicht übereifrig! Falls der Zufall es will und Sie tatsächlich auf das Objekt stoßen, so kann sich – unbemerkt natürlich – durch einen kleinen Tritt dagegen die Lage des Gegners kolossal verschlechtern. (Sie selbst haben natürlich immer ein, zwei Ersatzbälle in der Tasche, die Sie bei Bedarf geschickt einsetzen, um einen eigenen Ballverlust zu kaschieren.)

Ihr eigenes Golfspiel wird durch den Leistungsabsturz des anderen beflügelt. So können Sie es sich ab einem sicheren Zeitpunkt sogar leisten, Bedauern für die vielen Missgeschicke des Kontrahenten zum Ausdruck zu bringen und ein paar technische Tipps zu geben. Geräusche wie flottes Pfeifen oder eigene Schwungübungen bei der Ausholbewegung, vor allem während des Abschlags, in sonst absoluter Ruhe tun ein Übriges. Zermürben ist das A und O des Golf-Mobbings. Schlägt der Gegner tatsächlich zu kurz ab, glänzen Sie mit Ihrem Golfwissen. Machen Sie darauf aufmerksam, dass John Daly eigentlich immer um die 280 Meter abschlägt und ein relativ unbekannter Spieler in einem Turnier sogar über 340 Meter weit gekommen ist.

Und dann haben Sie es endlich geschafft! Ihr Rivale weiß nun, wer der Bessere ist. Auch wenn noch nicht alle hoch gesteckten Golfträume wahr geworden sind, auf dem Weg aus der Mittelmäßigkeit sind Sie einen Meilenschritt vorangekommen. Sie haben zwar keinen Preis für Fairness gewonnen, aber Ihr Gegner hat Sie zumindest in diesem Turnier nicht vom Platz gefegt. Sein Erfolgszug ist aufgehalten. Das ist doch schon was! Sie haben ein Zeichen gesetzt. Ein kleiner persönlicher Golftriumph.

Übrigens: Eine von den Starwood-Luxushotels in den USA durchgeführte Umfrage ergab, dass 82 Prozent aller Geschäftsführer und führenden Angestellten beim Golf schummeln. 72 Prozent der Befragten sahen dabei sogar Parallelen zur Arbeitswelt: Sie trauen den Menschen, die beim Golf betrügen, auch Unehrlichkeiten im Geschäftsleben zu.

Sollten Sie tatsächlich noch kein Golf spielen, kaufen Sie sich trotzdem einen Golfhandschuh. Ziehen Sie ihn einfach vor dem Sonnenbaden am Strand der Côte d'Azur, der Costa Brava, der Bahamas oder wo auch immer an. Zurück in der Heimat wird Sie die nicht braun gebrannte, weiße Hand als unermüdlichen Golfspieler ausweisen. Man wird Sie wegen Ihrer tollen sportlichen Urlaubsaktivitäten bewundern und bei der nächsten Beförderung für einen Führungsposten empfehlen. Denn ohne Golf haben Sie heutzutage kaum Karrierechancen.

»Stille Nacht, heilige Nacht« oder Das Fest der Liebe

Ab September gibt es Lebkuchen in den Supermärkten und ab November beginnen sich die Fußgängerzonen in einen grün-roten Tannenrauschtraum zu verwandeln. Spätestens dann wird uns klar: Das Fest der Liebe wurde wieder nicht abgeschafft. Es steht drohend vor unserer Tür.

Der Gedanke an das unausweichliche Wiedersehen mit der aufdringlichen und stumpfsinnigen Verwandtschaft, der Sie das ganze Jahr über erfolgreich aus dem Weg gegangen sind, lässt den Zigarettenkonsum auf das Doppelte steigen. Auch die Whiskyflasche muss verstärkt dran glauben. Die Deadline »24. Dezember« gräbt sich immer tiefer in das Bewusstsein ein, der Handlungsdruck nimmt täglich zu.

In drei Phasen gliedert sich die besinnliche Adventszeit:

1. Geschenke besorgen, Einkäufe für das Festmahl tätigen, sämtliche Weihnachtutensilien organisieren.
2. Die Vorbereitungen am Heiligen Abend selbst.
3. Der eigentliche Festakt am 24.12. sowie die Besuche an den folgenden Feiertagen.

Die richtigen Mobbing-Strategien sind in allen Bereichen des weihnachtlichen Wahnsinns unerlässlich. Die schlagkräftigste Waffe ist sicher der Psychoterror. Sei es, dass Sie über Geschenke kleine Spitzen verteilen, sei es, dass Sie sich einfach die unangenehme Arbeit vom Hals halten und möglichst unbehelligt bleiben wollen. Gehen Sie nun mit uns ein wenig ins Detail.

Schon das Einkaufen ist in diesen Zeiten ausgesprochen lästig. Überall lange Schlangen an den Kassen und keine Parkplätze. Erinnern Sie sich noch an das Kapitel »Sommerschlussverkauf« oder an unsere »Vollblutmutter«? Ein Kinderwagen ist nun Gold wert – zur Not können Sie sogar Ihren Hund auf weihnachtswütige Einkäufer abrichten.

Die Geschenkauswahl will gleichfalls mit Bedacht getroffen werden! Seien Sie lieb zu Ihren Freunden und Verwandten. Mit kleinen Aufmerksamkeiten können Sie viele Dinge sagen, die sonst unausgesprochen bleiben.

Angenommen, Sie feiern im großen Kreis und eine Ihrer Schwägerinnen ist Ihnen schon lange ein Dorn im Auge. Kaufen Sie ihr eine »entzückende« Bluse. Wenn es die falsche Farbe für ihren Typ oder die Größe nicht ganz richtig ist – Pech. Sie haben es schließlich nur gut gemeint. Über die »offensichtliche« Gewichtszunahme Ihrer speziellen Freundin sollten Sie übrigens lautes und lang anhaltendes Bedauern äußern.

Wenn sich Ihr widerwärtiger Schwager wegen seines aufgeschwemmten Bauchs nur noch gewaltsam in seinen Festtagsanzug zwängen kann, schieben Sie ihm das Diätbuch von Karl Lagerfeld zu. Er wird dankbar sein und sich beim Verteilen des Weihnachtsbratens mit verkniffenem Gesicht zurückhalten.

Wählen Sie Geschenkpapier mit Kindermotiven für die Schwiegermutter. Wie wäre es für den Sohn der alternativen Ökoverwandten mit einer kleinen Wasserpistole oder einem niedlichen Panzer? Die Kinderaugen werden leuchten. Auch Loriots Idee vom Baukasten für ein Atomkraftwerk ist ein Revival wert: Dann können Sie unter dem Weihnachtsbaum Katastrophen nachspielen, indem Sie den Ausstieg aus der Atomenergie verhindern. Beim Super-GAU wird der Zimmerboden gesprengt, die darunter wohnenden Mieter blicken in ein klaffendes Loch in der Zimmerdecke, und der Enkel jauchzt vor Freude, wenn er die verendeten Kühe auf der Kunstgraswiese umfallen lässt. Bei Loriot wurde das stille Fest so richtig aufgemischt und geriet zum haarsträubenden Debakel. Testen Sie selbst die explosive Sprengkraft dieses Spiels für die ganze Familie.

Die nervigen Kinder Ihres Bruders können Sie vor dem Auspacken der Geschenke übrigens mit dem Vorsingen mehrstrophiger Lieder knebeln. Überlegen Sie aber vorher genau, ob Sie sich das wirklich antun wollen.

Bei der Festvorbereitung stehen konfliktträchtige Aufgaben an. Erinnern Sie sich an den Ärger vom letzten Jahr? Bis der Weihnachtsbaum endlich stabil im Ständer befestigt war, gab es den größten Streit des ganzen Jahres mit Ihrer Ehefrau. Sie waren schweißgebadet und fix und fertig. Jetzt heißt es umdenken! Warum soll Ihr hochgeschossener pubertärer Zögling nicht in Papas Fußstapfen treten? Üben Sie sich in Unterwerfung: Klagen Sie, wecken Sie Mitleid! Irgendein Wehwehchen wird Ihnen schon einfallen, damit der Bodybuilding-gestählte Körper Ihres Sohnes zum Realeinsatz kommt. Notfalls muss eben Ihre Ehefrau ran, die hat sowieso viel mehr Zeit.

Für den Heiligen Abend selbst können wir Ihnen nur beratend zur Seite stehen, da es letztlich auf die individuelle Familiensituation ankommt.

Denkbar ist, dass die Gemütlichkeit Sie anödet und Sie sich einfach passiv in das unabwendbare Familienidyll ergeben, die Ohren auf Durchzug stellen und gedanklich auf Abwegen wandern. Vielleicht haben Sie gerade eine neue Eroberung gemacht. Träumen Sie von einem zweiten Frühling und hoffen Sie, dass es bald wieder Werktag sein möge, damit das nächste Rendezvous schnell in greifbare Nähe rückt.

Nicht nur in solch einer Situation sollten Sie schon im Vorfeld checken, wie Sie den Kontakt nach außen aufrechterhalten können. Wie ist Ihr Handy-Empfang unterm Christbaum? Wo lässt sich sonst im Haus der SMS-Kontakt sicherstellen, wo kann man heimlich telefonieren? Jeglicher Trost aus der Außenwelt hilft Ihnen, den Abend halbwegs unbeschadet zu überstehen.

Einige Mobbing-Strategien sollten Sie sich gebetsmühlenartig vor Augen führen, um für Ernstfälle gewappnet zu sein. Denn so ganz werden Sie sich der grausigen Realität wohl leider nicht entziehen können. Auf jeden Fall müssen Sie einer drohenden »gähnenden Langeweile« vorbeugen. Denn wer sich langweilt, quatscht zu viel. Stellen Sie sich dieses Krisenszenario vor mit ungemütlichen Konfliktthemen, hitzigen Streitereien, Grundsatzdiskussionen zwischen Schwiegermutter und Schwiegertochter und all den furchtbaren Themenkomplexen, »auf die man immer schon einmal zu sprechen kommen wollte«. Zur Abwendung des Schlimmsten sollten Sie einige kreative Ideen in der Hinterhand haben. Wenn gar nichts hilft, schalten Sie den Fernseher ein!

»Spielregeln ändern« ist eine seit Generationen bewährte Feiertagsstrategie mit vielen Gesichtern. Geht Ihnen die Schwiegermutter mit ihrer Fünf-Sterne-Kochkunst auf den Geist, überraschen Sie sie doch mit der Mitteilung, dass Sie seit kurzem zum Vegetarier mutiert sind. Der Aktienkurs der Weihnachtsgans oder selbst des Wiener Würstchens verliert dramatisch an Wert, und bei der nach Perfektion strebenden Hausfrau wird Ihr Outing Hektik bei der Zusammenstellung eines Alternativmenus auslösen.

Halten Sie es gar nicht mehr aus, kommen »berufliche Notfälle« infrage, die Sie aus dem trauten, liebreizenden Familienkreis reißen. Ein Brand im Büro, ein Notfall bei der Sprechstundenhilfe, verdächtige Geräusche auf dem Firmengelände oder ein Komplettabsturz des Datensicherungssystems sind trefflich geeignet. Lassen Sie sich etwas einfallen. Sie können sich locker abseilen und einen kleinen Abstecher in die Stammkneipe, vielleicht sogar zur Geliebten machen. Zudem haben Sie das Bedauern und Mitgefühl der Zurückgelassenen auf Ihrer Seite.

Aber was auch geschehen mag am Fest der Liebe: Verausgaben Sie sich nicht zu sehr. Der nächste 24. Dezember kommt bestimmt, und Sie werden es nicht verhindern können, weder durch Krankheit, Familienkrach, Scheidung oder Flucht ins Ausland. In irgendeiner Weise holt Sie das Weihnachtsfest garantiert wieder ein. »Stille Nacht, heilige Nacht« – Weihnachten ist die Brutalität des Alltags in der Nussschale, vor der sogar zuweilen der beste Mobber kapitulieren muss.

Deshalb ziehen Sie einfach die Notbremse, wenn die Ereignisse Sie zu überrollen drohen. Ändern Sie die Spielregeln auf besonders rigorose Weise. Laden Sie für den Heiligen Abend nicht nur die buckelige Verwandtschaft, sondern alle Ihre wirklichen Freunde ein. Schieben Sie die Weihnachtsmusik in den CD-Ständer und gehen Sie schnell zu lauter Rockmusik über. Die Verwandten werden bald merken, dass die Zeit für Besinnlichkeit vorüber ist. Sie werden unter lautem Protest verschwinden, dann schließen Sie die Türe, drehen richtig auf – und feiern die wildeste Party des Jahres!

Exkurs: Mobberparadiese und mobbing-freie Zonen – Eine Reise zu klatschsüch-tigen Tchambuli und demütigen Amischen

Mobbing macht glücklich, ist aber auch anstrengend. Das dürfte mittlerweile jedem Leser klar geworden sein. Deshalb braucht der erfolgreiche Mobber manchmal eine Pause, um sich von den Härten des Alltags-, Urlaubs- und Berufslebens zu erholen. Auch wir verspürten während der Arbeit an diesem Buch irgendwann keine Lust mehr auf die tagtägliche Beschäftigung mit Mobbing. Wir verbanden das Angenehme mit dem Nützlichen, machten Urlaub und begaben uns auf die Suche nach besonders interessanten Mobbing-Orten in aller Welt. Fündig wurden wir in der Südsee und in Amerika.

Haben Sie schon einmal von der kleinen Südseeinsel Tchambuli gehört? Wahrscheinlich nicht. Diese zauberhafte Oase liegt unweit von Bora Bora mitten im Pazifischen Ozean und könnte als Welthauptstadt des radikalen Mobbings bezeichnet werden. Warum? Bevor wir auf diese Frage näher eingehen, zunächst einige Fakten zu den exotischen Inselbewohnern, den Tchambuli:

In der Tchambuli-Gesellschaft – das erfahren wir in dem Buch *Mann und Weib* von Margaret Mead (1901–1978), die sich lange mit diesen sympathischen Menschen beschäftigt hat – herrschen die Männer nur dem Namen nach. Sie spielen eine emotional unterwürfige Rolle und sind von den Frauen wirtschaftlich vollkommen abhängig. Die Frauen der Tchambuli sind aktive Persönlichkeiten, die Autorität ausstrahlen, besitzorientiert, entschlossen, robust und zielbewusst handeln und die sexuelle Vorherrschaft einfordern. (Anmerkung für die männlichen Leser: Träumen Sie nicht auch manchmal von einer solchen erotischen Dominanz der Frauen? Mal ehrlich!)

Aufschlussreich für die Stellung der Geschlechter sind die Geheimkulte der Männer und die Heiligkeit der Männerhäuser. Diese sind eine Verbindung von Klub- und Konversationszimmer. Die Männer können sich dorthin zurückziehen, um dem starken Druck der Frauen zu entrinnen. Ein enormes Privileg, das bei vielen europäischen Männern den blanken Neid wecken wird. Die Sache hat allerdings einen nicht unerheblichen Haken.

Im Gemeinschaftshaus der Tchambuli beherrschen nämlich die weiblichen Inselbewohner unerschütterlich die bequemen Räume, während sich die Männer an der Tür herumdrücken müssen. Sie sind hier lediglich geduldet und werden nicht gebraucht, deshalb ziehen sie sich gern in das Männerhaus zurück.

Die Männer sind zwar Eigentümer der Häuser, sie sind sogar offiziell die Besitzer ihrer Frauen, haben aber streng genommen nichts zu sagen. Die eigentliche Tatkraft und Macht liegt in den Händen der »Amazonen«. In der Tchambuli-Gesellschaft stellen die Frauen die Spielregeln auf, sie modifizieren sie auch nach Lust und Laune. »Spielregeln ändern« ist in der Südsee eine der wirkungsvollsten Mobbing-Strategien.

Der gemobbte Tchambuli-Mann ist all dem hilflos ausgeliefert. Er kennt gar kein anderes Leben mehr, weil das Mobbing zum festen Bestandteil der Kultur geworden ist. Seine Reaktionsweisen sind bemerkenswert: totale Unterwerfung den Frauen gegenüber sowie Klatsch-, Beleidigungs- und Schmücksucht, die sich aber nur gegen das eigene Geschlecht richten. Die gemobbten männlichen Insulaner werden derartig in die Unterwerfung geknechtet, dass sie nur noch durch kleine Intrigen, gemeine Bosheiten und Hinterlistigkeiten ihr Dasein ertragen können. Da sie gegen ihre Frauen sowieso nicht ankommen können, mobben sie eben ein bisschen untereinander. Das vertreibt die Langeweile, schafft bei den Unterdrückten eine gewisse Hierarchie und vermittelt das Gefühl, wenigstens im eigenen eng umgrenzten Kreis ein klein wenig Macht ausüben zu können – allerdings nur unter strenger weiblicher Kontrolle.

Was lernen wir daraus?

Wer fachgemäß und fehlerfrei mobbt, erzeugt ein völlig unterwürfiges Umfeld, egal, wie die Besitzverhältnisse ursprünglich organisiert waren. Dabei ist es unmaßgeblich, welchem Geschlecht Sie angehören. Die Mobbing-Kompetenz kann sich jeder Erdenbewohner aneignen!

Schade, dass die Welthauptstadt des Mobbings zwanzig Flugstunden von Europa entfernt liegt, sonst könnte man gelegentlich zu Studienzwecken in den Pazifischen Ozean reisen. Die Kosten und Mühen lohnen sich in jedem Fall für:

1. Ehe- und sonstige Lebensgemeinschaften, die die Machtfrage noch nicht geklärt haben,
2. Selbsthilfegruppen, die daran arbeiten, ihr Klatsch- und Tratschverhalten zu verbessern,
3. Bewohnerinnen von Frauenhäusern, die endlich wissen wollen, wo es langgeht,
4. in die Tage gekommene Machos, die Unterwürfigkeit lernen wollen, um als Ehemann gute Dienste zu leisten,
5. Heiner Lauterbach, Udo Jürgens, Hugh Grant, Mick Jagger und George Clooney.

Als wir bei den Tchambuli für dieses Buch recherchierten, wären wir fast auf der Insel hängen geblieben. Unsere Ehefrauen, die mit von der Partie waren, hätten uns am liebsten in eines der Männerhäuser gesperrt, während sie – zusammen mit unserer Mitautorin – den Komfort in den Herrschaftsräumen der Tchambuli-Frauen genossen. Der Anblick der Macht ist eben sehr verführerisch, auch in scheinbar gleichberechtigten Partnerschaften. Seien Sie demnach auf der Hut, liebe Leser, wenn Ihnen Ihre Frau eine Reise in die Südsee schenkt. Unter Umständen werden Sie niemals zurückkehren ...

Irgendwann schafften wir es dann doch noch. Wir ließen das lauschige Mobberparadies und das angenehm warme Klima der Südsee hinter uns, stiegen wieder in das Flugzeug, flogen noch ein Stückchen weiter um den Erdball und landeten auf dem amerikanischen Kontinent.

Das genaue Gegenteil der Tchambuli, eine wahrlich mobbing-freie Zone, bewohnen die *Amish People* in Amerika: eine eigenwillige und putzige Spezies von Mensch, wie wir gleich sehen werden.

Die Amische leben im kanadischen Ontario und in den USA. Wie groß ihre Zahl ist, steht nicht fest, sie wird auf ungefähr sechzigtausend geschätzt. Eine kleine, unbedeutende Minderheit also, umgeben von Korruption, Kapitalismus und Konkurrenzdenken. Wie konnten gerade die Amische inmitten der ungeheuren Verführung der amerikanischen Umwelt ihr anachronistisch-vitales Wesen so unverändert erhalten?

Ein Schweizer Prediger und Mennonit namens Jakob Ammann trennte sich im 17. Jahrhundert von der großen Masse seiner Religionsgemeinschaft, weil sie ihm zu wenig glaubensstreng erschien. Seine eigenen Anhänger wurden zuerst Ammann-Mennoniten, später Amische genannt. Ammann bestand darauf, dass jede Abweichung von der gemeinsamen Lebensregel nach dem Brief von Paulus an die Korinther zur Ausstoßung führen müsse, zu »Bann und Meidung«, wie es in der Bibel heißt.

Der Vater der Amische predigte radikales Anderssein gegenüber der Umwelt und Gleichheit untereinander. Es gibt kein kommunales Leben in der Gemeinschaft, das Amisch-Leben ist reines Familienleben, und Ehen werden nur durch den Tod gelöst.

Da Jakob Ammanns Regeln bis ins Einzelne befolgt werden müssen, gleichen sich die Familien äußerlich und – bis zu einem gewissen Grad – selbst innerlich. Die Tracht der Männer, sogar das Aussehen ihrer Bärte ist genau geregelt. Die Frauen müssen immer dunkel gekleidet sein und dürfen die Straße nur mit Kopftuch und Schal betreten. Im Winter tragen sie bauschige Mäntel und ziehen eine Kapuze über den Kopf.

Dann gibt es da noch die wichtigeren Regeln, die den Gegensatz zwischen Demut und Hochmut ausdrücken und das ganze Leben der Amische bestimmen. Es wäre Hochmut, sich selbst irgendwie zu schmücken, Hochmut, auch nur Vorhänge an den Fenstern anzubringen, Hochmut natürlich, wohlhabender zu sein als der Nachbar. Ein ordentliches Auskommen gilt den Amischen als Gottesgabe, den Reichtum jedoch halten sie für weltlich und verwerflich. Diese Glaubensregel leben sie bis zur letzten Konsequenz. In Kansas wurde auf dem Land einer Amisch-Gemeinde Öl gefunden. Die Bewohner verkauften das Land zu gängigen landwirtschaftlichen Preisen und zogen fort. In Lancaster County sind die Amische zu einer Sehenswürdigkeit geworden. Der Touristenrummel macht sie – ob sie wollen oder nicht – reich: Amisch-Restaurants sind überfüllt, Amisch-Märkte machen Bombengeschäfte. Da verkaufen manche ihr Land und suchen irgendwo eine neue, einsamere Heimat. Nicht alle Amische, aber doch sehr viele, wollen von Riesenprofiten und großen Reichtümern einfach nichts wissen.

Die Amisch-Familien sind materiell voneinander abhängig. Das sichert ihre Gleichheit untereinander. Wenn ein Amisch-Farmer stirbt, führen die Nachbarn den Hof der Witwe weiter. Wenn eine Amisch-Scheune abbrennt – was nicht selten geschieht, denn sie lehnen nicht nur Maschinen ab, sondern auch Blitzableiter –, dann kommen die Nachbarn und bauen sie wieder auf. Die Amische nennen das eine »Lustbarkeit«. Sie leben in ihrer eigenen Welt, von den Behörden machen sie möglichst wenig Gebrauch, von den Gerichten fast nie.

Der Kontakt mit der Außenwelt ist für sie ein täglicher Kampf, den sie zu bestehen haben, vor allem zum Wohl ihrer Kinder. Sie wollen nicht, dass die Schule den Nachwuchs für das Amisch-Leben verdirbt. Die Kinder sollen Englisch lernen – wenn sie mit sechs zur Schule gehen, sprechen manche fast nur das »Deitsch« ihrer Vorfahren – sowie Lesen, Schreiben, Rechnen. Das genügt. Die Amische lehnen weiterführende Schulen und Universitäten ab. Immer wieder starteten die Erziehungsbehörden Versuche, die Kinder in das allgemeine Schulsystem einzuordnen. Aber die Amische bleiben hartnäckig. Bis zum heutigen Tag werden ihre Kinder in *one room schools* erzogen, in winzigen Schulen, die aus einem einzigen Klassenzimmer für Schüler jeden Alters von sechs bis vierzehn bestehen. Genauso gekleidet wie ihre Eltern, pilgern sie am Morgen in diese Schulen, die Jungen mit runden Hüten, die Mädchen mit Haube und Kapuze. Sie wehren sich nicht, wenn sie von amerikanischen Kindern bedroht und angegriffen werden, so wenig wie ihre Eltern und Großeltern sich je gegen die Anfeindungen ihrer Mitmenschen wehrten.

Das Leben der Amisch-Familien erscheint friedvoll und idyllisch –

genau das schürt den Neid und den Hass ihrer Nachbarn. Diese nennen die Amische gewöhnlich *plain people*: »Die einfachen Leute sind vielleicht glücklicher als wir.« Das meinen viele. Andere wiederum schildern die Amisch-Gemeinden, als wären sie Konzentrationslager. »Die Kinder arbeiten sich zu Tode auf den Farmen, in der Nacht werden sie an die Betten gekettet ... Die Frauen laufen barfüßig herum, während die Männer faulenzen ...« In einer Gemeinde von 450 Menschen gab es in den letzten Jahrzehnten nur vierzehn Abtrünnige, aber die öffentliche Meinung der Nachbarschaft wollte wissen, dass »die ganze Gemeinde sich bald auflösen wird, so viele laufen davon«. Reines Wunschdenken. Es trägt zur Beliebtheit der »einfachen Leute« sicher nicht bei, dass sie den Geschäftsleuten der Nachbarschaft so wenig zu verdienen geben: Sie kaufen keine Autos, keine Funk- und Fernsehgeräte, keine Sportausrüstung, keine gepolsterten Möbel, keine Vorhänge oder Teppiche, selbst Kleider sehr selten und Anzüge fast nie, da die Frauen die Hosen und Jacken der Männer gewöhnlich selbst schneidern.

Wen wundert es da noch, dass jede Bewegung der Amische mit Argwohn beobachtet wird, zumal sie sich wirklich aus allem heraushalten. Sie kämpfen nicht einmal und beteiligen sich nicht an kriegerischen Auseinandersetzungen – weder im Bürgerkrieg, noch in den Weltkriegen, erst recht nicht in Korea und Vietnam. Verdächtig, sehr verdächtig! Die Sturheit der Amische äußeren Einflüssen gegenüber wirft Fragen auf: Sind sie wirklich so harmlos und friedliebend, wie sie sich geben? Wer weiß, was sich hinter den Kulissen abspielt. Vielleicht mobben die Amische ja viel grausamer und kompromissloser als der Rest der Welt. Vielleicht, ja vielleicht konsolidieren sie nur ihre Kräfte, um irgendwann unser weltweit intaktes Mobbing-Gebäude zum Einsturz zu bringen. Solchen Menschen ist doch alles zuzutrauen!

Anzeichen für derartig hinterhältige Machenschaften der Amische sind uns während unseres Besuchs in Amerika nicht aufgefallen. Im Gegenteil: Friedlicher und langweiliger kann man sich menschliches Zusammenleben einfach nicht vorstellen! Der Aufenthalt bei den Amischen war kurz, aber erkenntnisreich. Wer will sich schon lange in einer solch faden Gesellschaft aufhalten, in der zwischenmenschlich einfach nichts, aber auch gar nichts Aufregendes abläuft?

Eine mobbing-freie Zone ist ein heikles Geschäft. Sie funktioniert wohl nur in sehr kleinen Kreisen, mit strengen Gesetzen, großer Autorität von oben und für einen begrenzten Zeitraum. Es kann doch niemand ernsthaft glauben, dass die Amisch-Kinder freiwillig und für immer auf die Segnungen des Kapitalismus wie Video, Computer, Rockmusik, Jeans oder Walkman verzichten! Die erwachsenen Amisch-Gläubigen belügen sich zu allem Übel selbst und unterdrücken ihre zutiefst menschlichen Bedürfnisse. In einer Gesellschaft, die Nachbarschaftshilfe für die oberste Grundregel und einen engen Kontakt zu den Mitmenschen für unerlässlich hält, muss es doch gelegentlich vorkommen, dass bei dem einen Nachbarn Begehrlichkeiten für die andere Nachbarin geweckt werden. Alles andere wäre doch vollkommen unnatürlich. So wird es irgendwann unweigerlich auch bei den Amischen zu Betrug, Eifersucht, Streit, Skandal, Neid – und Mobbing – kommen.

Besuchen Sie also diese wahrhaft freundlichen Menschen in ihrer mobbing-freien Zone, solange es sie noch gibt. Aber wenn Ihnen das zu langweilig ist, fliegen Sie lieber zu den Tchambuli. Da ist immer was los!

4. Erfolgreich durch Mobbing im Beruf

Den Großteil unserer Lebenszeit, zwischen 60 000 und 80 000 Stunden, verbringen wir bei der Arbeit und nicht mit der Familie, dem Ehepartner, bei Freizeitaktivitäten oder gemütlich allein zu Hause. Wäre es nicht reine Zeitverschwendung, wenn wir diese zahlreichen Gelegenheiten ohne Mobbing ungenutzt verstreichen ließen?

Bedenken Sie: Arbeitsexperten haben festgestellt, dass pro Tag zwei Stunden lang gemobbt wird, in jedem Betrieb und in jeder Behörde. Haben Sie davon bisher nichts mitbekommen? Dann sind Sie wohl Beamter und schlafen für gewöhnlich bei der Arbeit. Ihre Kollegen sind wahrscheinlich durch gekonntes Mobbing längst an Ihnen vorbeigezogen, und Sie haben es nicht einmal bemerkt. Das muss sich ändern!

Glauben Sie tatsächlich, nur der Chef könne seine Untergebenen mobben? Oder die stärkeren Kollegen eine schwächere Mitarbeiterin? Falsch! Das sollten Sie bisher immerhin gelernt haben: Es kommt nicht auf die hierarchischen Beziehungen an, sondern auf das strategisch beste Verhalten. Dabei ist es völlig egal, in welchem Verhältnis Mobber und Gemobbter zueinander stehen. Gewöhnen Sie sich ruhig an den Gedanken: Nach der Lektüre der folgenden Seiten wird es für Sie vollkommen normal sein, dass der Chef den Mitarbeiter, dieser seinen Kollegen und dann den Chef selbst gnadenlos ausbootet.

Es geht sogar noch weiter. Wenn Sie meinen, als Topmanager in der obersten Führungsriege seien Sie unantastbar, dann schauen Sie auf den Fall Ron Sommer im Juli 2002. Der hoch gelobte und viel bewunderte Manager der Deutschen Telekom AG, der den Kurs der Aktie in schwindelnde Höhen steigen (und leider auch wieder fallen) ließ, wurde ins Aus befördert. Ein rasanter Abstieg, dazu mit denkbar einfachen Mitteln. Man muss nur im Zusammenspiel mit anderen Mächtigen so lange über einen Nachfolger »öffentlich« nachdenken, spekulieren und debattieren, bis der Betroffene gar keine andere Wahl mehr hat, als von selbst aufzugeben. Voilà! Eine besonders effektvolle Mobbing-Variante mit hollywoodreifem Show-down, sehr häufig vorzufinden in der Politik sowie im Big Business.

Doch das ist vermutlich nicht Ihre persönliche Alltagssituation, weshalb wir uns in erster Linie mit etwas einfacheren Beispielen beschäftigen werden. Aber auch wenn Sie tatsächlich Chef eines großen Automobilherstellers, Markenartiklers oder Kreditinstitutes sind, sollten Sie die nächsten Seiten nicht gleich gelassen überspringen. Es gibt immer noch viel zu viele schlechte Mobber in den Vorstandsetagen. Und man darf schließlich niemals aufhören, fürs Leben zu lernen, oder?

Der mobbiistische Unternehmensführungsstil

Führen will gelernt sein, das wissen wir aus der modernen Managementlehre ebenso wie aus der Praxis. Für einen abwechslungsreichen Konkurrenzkampf benötigt man die richtigen Rahmenbedingungen. Ohne einen effizienten Führungsstil, der ein entsprechendes Umfeld schafft, kann sich das Mobbing nicht richtig entfalten und es kommt manchmal sogar zum Erliegen. Gute Mobber verfügen daher über ausgeklügelte und höchst komplexe Führungsqualitäten.

Die Managementlehre kennt übrigens verschiedene Formen unternehmerischen Handelns:

Der klassische Führungsstil setzt die Mitarbeiter so ein, dass sie zum Erreichen betrieblicher Ziele beitragen. Der mobbiistische Führungsstil ist dagegen dadurch gekennzeichnet, dass der persönliche Aufstieg im Mittelpunkt steht, danach erst interessiert der betriebliche Erfolg. So gesehen entspricht das Mobbing im Management der menschlichen Natur, denn wer will ernsthaft bezweifeln, dass der persönliche Erfolg nicht die Antriebsfeder für alles im Leben ist?

Der Führungsstil bestimmt unter anderem die Umgangsformen zwischen Vorgesetzten und Mitarbeitern. Hier unterscheidet man häufig zwischen einem autoritären und einem kooperativen Vorgehen. Im ersten Fall geht die Führung von einem mit großer Machtfülle ausgestatteten Vorgesetzten (*master next God*) aus, der die notwendigen Entscheidungen ohne die Mitwirkung seiner Untergebenen trifft. Die Untergebenen haben die Vorgaben unverfälscht und zuverlässig auszuführen, wobei sie ständiger Kontrolle unterliegen. Im Gegensatz dazu steht die kooperative Methode, bei der der Vorgesetzte seine über allem stehende Funktion darin sieht, für bestmögliche Aufgabenerledigung mit gleichzeitig größtmöglicher Zufriedenheit der Mitarbeiter zu sorgen.

Beim mobbiistischen Führungsstil werden die Mitarbeiter so eingesetzt, dass die Chefs Tag für Tag ihre Position verbessern und dabei auch noch nebenbei etwas für den Betrieb abfällt.

Dieser Stil wird bisher nur von absoluten Machern praktiziert und ist leider noch nicht sehr weit verbreitet. Die deutschen Manager sind eher vom Typ Feldwebel, Pfarrer, Priester oder Psychologe, weil sie tendenziell kooperative oder autoritäre Umgangsformen mit den Mitarbeitern pflegen. Wie wir aus dem beruflichen Alltag wissen, taugen diese allerdings für nicht viel mehr als für das Militär, die Klöster, Gefängnisse und Kirchen. Avantgardistischeren Führungsmethoden gegenüber ist man vor allem in Deutschland nur wenig aufgeschlossen.

Die Auswirkungen dieses Missstandes sind hinreichend bekannt. Die entscheidenden ökonomischen Probleme, zum Beispiel die mangelnde Innovationsbereitschaft, werden auf diese Weise nicht gelöst. Solange das persönliche Interesse als Leitmotiv für wichtige unternehmerische Entscheidungen nicht generell anerkannt ist, wird sich daran auch nichts ändern. Wer bringt schon gern die volle Leistung, wenn nicht der eigene Profit im Mittelpunkt steht?

Abhilfe schaffen kann allein der mobbiistische Unternehmensführungsstil. Hier steht das persönliche vor dem betrieblichen Interesse, und zwar so, dass von diesem Mechanismus letztlich das gesamte Unternehmen profitieren wird.

Mobbiistische Chefs benutzen hauptsächlich zwei Techniken: die penetrante Behauptung und die stupide Wiederholung.

Die reine, ungeschminkte Behauptung eines Sachverhalts ohne Begründung und ohne jeden Beweis ist ein todsicheres Mittel, um eine Arbeitsgruppe, ein Team dauerhaft zu beeinflussen. Je bestimmter eine Behauptung, je freier sie von Beweisen und Belegen ist, desto mehr Respekt erzeugt sie. Viele religiöse und politische Agitatoren arbeiten mit diesem Instrument, für Ideologen ist sie geradezu unerlässlich. Deshalb sollte sie endlich auch Eingang in die deutsche Unternehmenskultur finden.

Die Behauptung hat aber nur dann wirklichen Einfluss, wenn sie ständig wiederholt wird, und zwar möglichst mit denselben eingängigen, ja einschläfernden Formulierungen.

Napoleon sagte einmal, es gäbe nur ein wichtiges Anweisungsinstrument, und das sei die penetrante Wiederholung. Jeder Mensch kennt das vom Auswendiglernen in der Schule und aus den Reden der großen Diktatoren. Man muss gewisse Dinge nur oft genug wiederholen, dann werden sie sich schon als Wahrheit in den Köpfen verankern.

Mobbiistisches Unternehmertum ist demnach ganz einfach. Erfolgreiche Mobber in den Betrieben müssen lediglich durch penetrante Behauptungen immer wieder denselben Sachverhalt wiederholen. Der Inhalt dieser Statements muss natürlich mit den eigenen Erfolgszielen im Einklang stehen. Rechtfertigen Sie sich nie, lassen Sie keine Zweifel aufkommen und belegen Sie Ihre Aussagen nicht. Denn die wahre Führungsnatur ist nur die, die sich selbst nicht zur Diskussion stellt. Fahren Sie so lange fort, bis wirklich jeder Ihre Botschaft verstanden hat – oder vor Erschöpfung den Widerstand aufgibt.

Mit dieser Zermürbungstaktik beschreiten Sie zügig den Weg an die Konzernspitze, indem Sie die Konkurrenz im wahrsten Sinne des Wortes ins Abseits reden. Welche weiteren Taktiken Sie darüber hinaus verwenden können – und mit welchem strategischen Gegenwind Sie rechnen müssen –, erfahren Sie nun auf den folgenden Seiten.

Kantine

Das gemeinsame Essen in der Kantine wird als Oase des Mobbings oftmals völlig unterschätzt. Obwohl man hier scheinbar zwanglos zusammensitzt, ist sie ein Ort der Ambivalenz. Man tritt nicht in der Rolle des Chefs, Mitarbeiters, Hilfsangestellten oder Büroboten auf, und dennoch weiß jeder über die eigene Position sowie die der anderen am Tisch genau Bescheid. Sobald man aufgestanden und ins Büro, in die Fabrikhalle, an die Ladentheke oder ans Fließband zurückgekehrt ist, gilt wieder die alte Hackordnung.

Die Kantine bietet als Mobbing-Areal überzeugende Vorteile, denn sie ist ein halb-geschäftlicher und halb-privater Raum mit einer emotionalen Gemengelage. Klatsch und Tratsch sind hier von jeher zu Hause. In der betrieblichen Grauzone der Mittagspause kann das, was Sie sagen, nicht ohne weiteres gegen Sie verwendet werden. Das ist eine günstige Ausgangsbasis für das gekonnte, subtile, effiziente, effektive und qualitätsvolle Mobbing.

Die erste Regel beim Kantinen-Mobbing: Setzen Sie sich nie, unter gar keinen Umständen, an einen Tisch mit lauter unbekannten Leuten, die Sie noch niemals gesehen haben und mit denen Sie wahrscheinlich kein einziges Wort wechseln werden. Noch schlimmer ist es allerdings, allein am Tisch zu sitzen. Dann haben Sie keine Gelegenheit, Ihr Mobbing-Können unter Beweis zu stellen. Im Gegenteil, wahrscheinlich wird an den Nachbartischen ausgiebig über Sie hergezogen, und das ist der Anfang vom Ende. Sie, und nur Sie, dürfen und müssen entscheiden, wer neben Ihnen Platz nimmt. Denn richtig mobben können Sie nur im passenden Umfeld, sei es vor Publikum oder bei Konkurrenten und missliebigen Neidern. Nur Anfänger machen bei der Platzwahl strategische Fehler!

Jetzt kommt es darauf an, auf was und auf wen Sie es abgesehen haben. Wenn Sie als Chef einen Mitarbeiter im Auge haben, vergessen Sie die Kantine und gehen lieber auswärts essen. Außer kleinen Sticheleien und Gags, die ohne Wirkung verpuffen, können Sie sich unter den kritischen Augen der Untergebenen keine Mobbing-Aktionen leisten. Das wäre als exzellenter Mobber auch unter Ihrer Würde. Als Chef hat man so etwas nicht nötig. Effektives Mitarbeiter-Mobbing lässt sich auf andere Weise wesentlich geräuschloser und zugleich wirkungsvoller betreiben.

Vielleicht aber, so denken Sie jetzt, muss ich verhindern, dass meine Untergebenen mich während der Pause mies machen. Grundsätzlich haben Sie damit Recht. Sie müssen immer auf dem Posten bleiben und wachsam sein. Nur: Völlig ausschließen können Sie die Gefahr von Klatsch und Tratsch sowieso nicht. Wenn Ihre Mitarbeiter nicht in der Kantine über Sie reden, dann tun sie es eben woanders.

Nur Kleinkrämer rennen von einem kleinen Dammbruch zum anderen, um das Wasser zurückzudrängen. Als souveräner Mobber, der über den Dingen steht, hat man da bessere Methoden auf Lager. Schleusen Sie zum Beispiel einen V-Mann in eine Gruppe von verdächtigen Kantinenintriganten ein, der Ihnen das Missvergnügen des Kantinenessens abnimmt. (»Umarmen« Sie ihn aber vorher, klopfen Sie ihm kräftig auf die Schultern, damit er die Loyalität dem Chef gegenüber während der Nachspeise nicht beiseite schiebt!) Der Vertraute behält den Überblick und hält Sie auf dem Laufenden. So können Sie sich jederzeit ein Bild über die Aufrichtigkeit und Loyalität Ihrer Mitarbeiter machen. Wenn Sie befürchten, Ihre Mitarbeiter schmieden finstere Pläne gegen Sie, Sie seien von Verrat bedroht und dürften sich deshalb nicht mehr sicher fühlen, haben Sie alle Möglichkeiten, gegen die üblen Machenschaften dieser subversiven Elemente vorzugehen.

Ohne große Probleme können Sie als Chef Einfluss auf die atmosphärischen Schwingungen während des Kantinenessens nehmen. Ändern Sie von Zeit zu Zeit die Spielregeln. Fangen Sie damit an, die Kaffeepause zu verkürzen. Beklagen Sie schriftlich und mündlich die ständige Abwesenheit der Untergebenen vom Arbeitsplatz: Kunden können nicht anrufen, für Kollegen anderer Abteilungen sind die Mitarbeiter nicht erreichbar, und im Haus wird bereits über deren Pausenverhalten gelästert. Als Vorgesetzter finden Sie genügend Gründe, die Kaffeepause möglichst kurz zu halten. Wenn Sie mutig sind, dann schaffen Sie sie einfach ab.

Es gibt noch einige andere Möglichkeiten, den Kantinenaufenthalt unangenehm zu gestalten und damit die Grundlage für diese besonders kommunikative Form des Mobbings gegen den Chef zu zerstören. Sorgen Sie dafür, dass das Essen schlechter wird, und verkürzen Sie die Mittagspause. Jetzt haben die Mitarbeiter weder Lust, in der Kantine zusammenzusitzen und über Sie zu lästern, noch haben sie die Zeit, auswärts essen zu gehen und dasselbe zu tun.

Sie werden sehen: Im Zweifel siegt immer der innere Schweinehund, und bevor sich Ihre Mitarbeiter das Lästern von der Arbeitszeit abziehen lassen, gehen Sie lieber nach Hause und erzählen alles ihrer Frau, die sich natürlich nicht wirklich dafür interessiert und außer psychologischer Seelenmassage nichts Konstruktives beitragen kann. Damit wäre Ihr Führungsproblem – und das ist nun wirklich ganz wörtlich gemeint – vom Kantinentisch.

Wie sieht die Sache jedoch aus, wenn Sie als Mitarbeiter Ihren Chef mobben wollen? Dann ist die Kantine, wie gesagt, genau der richtige Platz. Bauen Sie zuallererst ein solidarisches Netzwerk auf. Recherchieren Sie, wer sich vom Chef ungerecht behandelt fühlte, und beginnen Sie bei diesen Personen mit der Umarmungsstrategie. Dabei ist es völlig unerheblich, warum er oder sie vom Chef geärgert wurde. Es ist auch egal, ob zu Recht oder zu Unrecht, wichtig ist allein, dass es Leute gibt, die auf den Vorgesetzten schlecht zu sprechen oder ganz einfach sauer sind.

Manchmal muss man hier ein bisschen um die Ecke denken. Schließen Sie diejenigen, die vom Chef befördert wurden, nicht gleich aus. Oft sind eine kleine Beförderung, der Dienstwagen oder ein größeres Büro mit Vorzimmer Entschädigungen dafür, dass der Mitarbeiter nicht das bekommen hat, was er eigentlich wollte. Auch neue Titel wie Prokurist, Assistant Manager, Managing Director und andere unschädliche Wohltaten, die wir unter dem Stichwort »seelische Lohntüte« zusammenfassen wollen, sind häufig ein Anzeichen dafür, dass jemand ruhig gestellt wurde.

Wenn der betreffende Mitarbeiter nicht dumm ist, und das wollen wir bei potenziellen Mobberkollegen einmal voraussetzen, merkt er das spätestens nach sechs Monaten und ist dann umso verärgerter. Jetzt kommen Sie ins Spiel. Aus diesem Personenkreis muss sich Ihr künftiger Mobber-Mittagstisch (MMT) zusammensetzen.

Trennen Sie zuvor die Spreu vom Weizen, indem Sie die Frustrierten identifizieren. Sortieren Sie diese schnell wieder aus, sie sind sowieso zu nichts mehr zu gebrauchen, da sie sich innerlich bereits abgemeldet haben. Lassen Sie sich auch auf niemanden ein, dem Sie nicht über den Weg trauen. Für die Gerüchtediplomatie benötigen Sie nämlich ein absolut zuverlässiges Umfeld. Und wenn Sie dann am MMT die Mobbing-Aktion gegen den Chef starten, bringen Sie nie die eigenen Meinungen in Umlauf, sondern erzählen Sie nur weiter, was Sie von Dritten gehört haben. Egal, um welche Informationen es sich handelt, Sie dürfen niemals als deren Quelle nachweisbar sein. Üben Sie in dieser Hinsicht Selbstdisziplin, gleichgültig wie Ihre momentane Gemütsverfassung dem Chef gegenüber aussieht.

Gute Mobber sind keine emotionalen Mobber; sie arbeiten mit Verstand und Präzision. Sie besitzen zudem einen untrüglichen und bewundernswerten Instinkt. Halten Sie sich deshalb immer das bedauerliche Gegenbeispiel vor Augen: Jürgen Möllemann. Der Mann stünde schon längst und unumstritten an der Spitze, wenn es nicht immer wieder mit ihm durchginge: sein Temperament. Vor allem der schnelle Erfolg, der unmittelbare Zuspruch des Publikums – und manchmal auch ein publicityträchtiges Flugblatt – lassen den gefühlsbetonten Mobber unvorsichtig werden. Davor warnen wir ausdrücklich. Hier lauert eine große Gefahrenquelle, in die Sie auch beim Mobber-Mittagstisch tappen können.

Außer der Verbreitung von Gerüchten eignet sich die Kantine natürlich auch dazu, die Qualifikation des Chefs infrage zu stellen (Herabsetzungsstrategie) oder einige dienstliche Angelegenheiten mit den Betroffenen unter Umgehung des Vorgesetzten gleich festzuzurren (Strategie des Loyalitäten-Verletzens). Überhaupt ist die Kantine der geeignete Biotop für die meisten Mobbing-Strategien aus unserem Katalog. Für den physischen Part der Körpereinsatzstrategie brauchen Sie allerdings ziemlich viel Mut. Schreiben Sie uns, wenn Sie es trotzdem versuchen. Vielleicht können wir über Ihre Erfahrungen in der nächsten Auflage berichten, sofern sie jugendfrei sind.

Was das Mobben gegenüber dem Chef in der Kantine auszeichnet, gilt im Großen und Ganzen auch für das Mobbing auf der gleichen

Hierarchieebene, also gegenüber den Konkurrenten unter Ihren Kollegen. Vielleicht ist es hier etwas schwieriger, Verbündete zu finden – das kommt darauf an, wie vielen Betriebsangehörigen der Betreffende schon auf die Füße getreten ist. In zu leichten Fällen, bei generell anerkannten Kotzbrocken, sollten Sie gar nicht erst aktiv werden. Das wäre dann fast schon wieder unter Ihrem Niveau und außerdem Zeitverschwendung: Was soll Ihre Mobbing-Aktion noch bringen, wenn alle anderen sowieso derselben Meinung sind?

Interessanter sind die Kollegen, die betriebsintern als einigermaßen brauchbar gelten, weil man ihnen Fachwissen auf einem bestimmten Gebiet unterstellt. In solchen Fällen müssen Sie sehr vorsichtig sein, sonst werden Sie schnell als Intrigant oder sogar als Niete entlarvt und bloßgestellt. An wechselnden Kantinentischen sollten Sie zunächst in bilateralen Gesprächen herausfinden, wer wie über diesen Konkurrenten denkt, um dann langsam eine Solidargemeinschaft gegen den Rivalen aufzubauen. Haben Sie dies einmal erreicht, dürfen Sie munter mit allen bekannten Strategien ans Werk gehen.

In der Kantine dreht sich das Personalkarussell permanent und auf allen Ebenen: eine ideale Spielwiese für erste Mobbing-Gehversuche in der beruflichen Laufbahn und ein unentbehrliches Machtinstrument für jeden alten Hasen des Mobbing-Geschäfts. Hier trifft sich die Crème de la Crème des Mobbings. Bevor Sie die Kantinentür zielbewusst durchschreiten, sollten Sie deshalb sicherstellen, dass Sie sich im Vollbesitz Ihrer Mobbing-Kräfte befinden! Wenn Sie gerade ein Formtief haben, warten Sie mit Ihren Aktionen lieber bis zum nächsten Betriebsausflug.

Betriebsausflug

Der Betriebsausflug ist wie ein Kantinenessen, nur mit zwei Unterschieden. Erstens, er dauert deutlich länger. Deshalb können Sie all das, was Sie in der Kantine machen, dort viel ausführlicher tun. Sie haben die Möglichkeit, subtiler und hintergründiger zu agieren und Ihre gesamte Mobbing-Kompetenz in schönster Breite zur Schau zu stellen. Das macht Eindruck und schreckt ab, was nicht unwichtig ist bei zukünftigen Gegenangriffen Ihrer lieben Kollegen. Zweitens, der Betriebsausflug findet, wenn überhaupt, nur einmal im Jahr statt. Längerfristige Mobbing-Projekte können Sie hier daher nicht durchziehen, was wiederum bei der Regelmäßigkeit des Kantinenbesuchs am MMT durchaus möglich ist. Betrachten Sie den Ausflug demnach am besten als Gelegenheit, die Aktionen der Kantinenrunden zu vertiefen, aber lassen Sie die Finger von spontanen Übersprungshandlungen. Diese sind zu gefährlich und haben wenig Aussicht auf Erfolg.

Der Betriebsausflug gibt Ihnen die Gelegenheit, sich als toller Kollege und guter Kumpel zu präsentieren. Sie sollten also ruhig mal was springen lassen. Das kostet vergleichsweise wenig und belastet, wie gesagt, das Budget nur einmal jährlich, bleibt aber trotzdem gut in Erinnerung. Was glauben Sie, warum der Chef nur beim Betriebsausflug die Getränke übernimmt? Der hat das schon erkannt. Konkurrieren Sie ein bisschen mit ihm, investieren Sie ein wenig mehr als er. Das lässt ihn schlecht aussehen. Die Sympathien aller Mitarbeiter sind Ihnen gewiss. Eine einfache Mobbing-Variante, die den Chef geschickt vor seinem Personal herabsetzt. Nach dieser Blamage werden viele Kollegen bereit sein, sich mit Ihnen gegen die Führungselite zu solidarisieren, die ja sowieso nur auf ihrem Geld sitzt und offenbar keinen Pfennig zu viel für die Verbesserung des Betriebsklimas locker machen will.

Es gibt aber noch eine andere, vielleicht etwas hinterhältigere Taktik. Dazu müssen Sie sich freiwillig für die Organisation des Ausflugs melden. Das macht niemand gern, man wird Ihnen schon allein dafür dankbar sein. Stellen Sie aber sicher, dass der Chef auch tatsächlich mitgeht und nicht in letzter Sekunde abspringt. Bauen Sie dabei auf Ihre guten Beziehungen zu seiner Sekretärin. Flirten Sie ein wenig mit ihr, dann wird sie schon dafür sorgen, dass seine Teilnahme am Ausflug nicht durch anderweitige Termine vereitelt wird. Erscheint der Chef am vereinbarten Treffpunkt, wird er Ihnen willenlos ausgeliefert sein.

Da Sie der geistige Kopf der Ausflugsplanung sind, bedenken Sie den Vorgesetzten mit verschiedenen Tätigkeiten und Aufgaben. Hat er

Angst vor dem Wasser? Organisieren Sie eine Bootsfahrt und lassen Sie ihn Tretboot fahren. Hat er Flugangst? Dann muss eine Ballonfahrt der Höhepunkt des Tages sein. Wenn er gern dem Alkohol zuspricht, darf ein Besuch in einer renommierten Weinkellerei mit Begrüßung durch die Weinprinzessin nicht fehlen. Und falls Sie wissen, dass er ein Frauentyp ist, platzieren Sie eine dralle Blondine neben ihm. Das wirkt gruppendynamisch und zeigt den Chef ausnahmsweise von seiner ganz privaten Seite.

Die Liste der Gemeinheiten lässt sich beliebig fortsetzen: Für geschniegelte und gestriegelte Träger teurer Anzüge von Brioni und Schuhen von Bally bietet sich ein kurzer Spaziergang über einen matschigen Weg an. Gourmets kann man mit sparsamer Ökokost bedenken und Vegetarier mit einer frischen Schlachtplatte am abendlichen Büffet. Und wenn Ihr Chef ein erklärter Liebhaber der Kunst und Sachverständiger alter Architektur ist, geben Sie ihm doch die Möglichkeit, vor dem Abendessen seine Mitarbeiter in Form eines ausführlichen Vortrags an seinem Wissen teilhaben zu lassen. Natürlich sollten Sie sichergehen, dass er sich nicht vorbereiten kann.

Wie man sieht, ist der Betriebsausflug in Mobbing-technischer Hinsicht ein äußerst kreatives Betätigungsfeld. Freuen Sie sich also auf den nächsten Ausflug, stürzen Sie sich ins Vergnügen – und suchen Sie nicht wieder nach einer billigen Ausrede, um zu Hause bleiben zu können!

Dienstreise

Dienstreisen ähneln ein bisschen den Betriebsausflügen. Sie werden allerdings von Ihrem Arbeitgeber dafür bezahlt, und der Chef hat das Sagen. Deswegen sollten Sie als Untergebener darauf verzichten, auf Reisen das ansonsten bewährte Mobbing-Instrumentarium einzusetzen. Als Vorgesetzter hingegen ist jetzt Ihre Stunde gekommen, um dem Rivalen für einige Zeit und vor Publikum – vor allem aber vor sich selbst – zu zeigen, wer der Herr im Haus ist.

Es beginnt schon mit der Anreise. Sie bestimmen das Tempo, die Organisation, die Spielregeln. Lassen Sie die Mitarbeiter über die Terminabfolge (Einchecken am Flugschalter, Treffpunkt am Terminal, gemeinsames Frühstück usw.) völlig im Unklaren. Wenn Sie besonders ausgeklügelt vorgehen, können Sie Ihr sonstiges Umfeld übrigens durchaus informieren und nur das anvisierte Mobbing-Opfer ausschließen. Nach Ihrem Belieben eilen Sie von einem Punkt zum nächsten und überlassen es den anderen, Ihnen zu folgen. Das erzeugt Stress und Unruhe, gibt Ihnen jedoch das Gefühl der Souveränität und Selbstbestimmtheit.

Wenn Sie die Möglichkeit haben, in unterschiedlichen Kategorien zu reisen (erster Klasse bei der Bahn oder First Class im Flugzeug), nutzen Sie die Chance, um sich von den durchschnittlichen Geschäftsreisenden positiv abzuheben. Ihre Bescheidenheit, auf die Besserbehandlung zu verzichten, quittiert Ihr Umfeld sowieso nur mit einem mitleidsvollen Bedauern. Hoch anrechnen wird Ihnen das niemand. Also seien Sie nicht dumm: Nehmen Sie Privilegien grundsätzlich und immer wahr. Das zeigt Ihre wahre Größe.

Legen Sie noch eins drauf. Wenn Sie zum Beispiel in der First Class sitzen, Ihr Konkurrent indes mit der mittelmäßigen Business Class oder gar der schäbigen Economy Class Vorlieb nehmen muss, dann lassen Sie den Statusunterschied sichtbar werden. Erweisen Sie dem Mitreisenden den gunstvollen Akt eines Besuchs des Ranghöheren beim Rangniedrigeren und tragen Sie die Symbole des Unterschieds, etwa ein Glas mit irgendeinem legendären Jahrgangschampagner oder ein Kanapee mit Osietra-Kaviar, stolz vor sich her. Der Besuch darf nicht länger als maximal neunzig Sekunden dauern, merken Sie sich das unbedingt. Längere Aufenthalte werden als Langeweile in der First Class ausgelegt. Verweisen Sie stattdessen auf hoch interessante Gespräche mit dem Vorstandsvorsitzenden eines großen Unternehmens, der zufällig Ihr Sitznachbar ist und Ihre angenehme Gesellschaft nicht zu lange entbehren möchte.

Am Zielort angekommen, werden Sie früher oder später mit den Geschäften beginnen. Vermutlich findet in der einen oder anderen Form eine Besprechung statt: ein Meeting mit einem Kunden, eine Präsentation vor Behörden oder Investoren, Preisverhandlungen mit Lieferanten. Lassen Sie grundsätzlich denjenigen, den Sie aufs Korn genommen haben, das Protokoll führen bzw. Notizen machen. Damit distanzieren Sie sich eindeutig und stellen ihn kalt. Wenn Sie merken, dass Ihr Opfer schon seit geraumer Zeit nichts mehr aufschreibt, weisen Sie ihn auf einige Kleinigkeiten hin, die er notieren soll.

Noch besser ist es, wenn das Gespräch in einer Sprache geführt wird, die Ihr Kontrahent nicht ausreichend beherrscht. Bitten Sie ihn höflich, aber bestimmt, das Protokoll in Englisch, Französisch oder notfalls auch in Russisch zu erstellen. Wenn er auf sein Sprachdefizit aufmerksam macht, rücken Sie keinesfalls von Ihrer Entscheidung ab. Äußern Sie vielmehr fassungsloses Erstaunen über die offenkundige Unfähigkeit des Mitarbeiters. Danach machen Sie ihm gönnerhaft klar, die Meisterschaft komme schließlich erst mit der Übung und er solle es ruhig einmal probieren.

Wie gut Sie selbst die betreffende Sprache sprechen, ist nicht ganz so bedeutend. Sie müssen ja schließlich nicht mitschreiben. Wenn Sie die Sprache jedoch gut beherrschen, lassen Sie sich das Protokoll oder die Notizen nach dem Ende der Dienstreise vorlegen und korrigieren Sie intensiv darin. Geben Sie es mit der Bemerkung zurück, Sie hätten nur einige wenige redaktionelle Änderungen vorgenommen. Mit dieser Herabsetzungsstrategie können Sie im Lauf der Zeit das Selbstbewusstsein Ihres »Protokollführers« tief greifend zermürben. Der Mobbing-Erfolg wird sich kurz vor der nächsten Dienstreise einstellen. Dann nämlich wird Ihr bisheriger Reisebegleiter entweder Urlaub oder eine Krankmeldung einreichen.

Online-Mobbing

Das Internet bestimmt zunehmend unser Leben. Die Informations- und Kommunikationssysteme spielen in einer vernetzten Welt eine immer größere Rolle. Der tägliche Umgang mit Bits und Bytes ist mittlerweile zur Routine geworden. Man besorgt sich Informationen, kommuniziert mit Geschäftspartnern und Freunden, kauft ein und schließt Geschäfte ab, man erledigt all die Dinge, die noch vor kurzer Zeit nur durch persönliche Kontakte zu bewerkstelligen waren, neuerdings elektronisch: am Computer.

Diese Technik schreit förmlich danach, als innovatives Mobbing-Instrument eingesetzt zu werden. Folgende Zahlen belegen dies: Etwa 40 Prozent der Deutschen zwischen 14 und 69 Jahren nutzen das Internet. Alle sechs Monate wächst die Internetgemeinde um die Einwohnerzahl Großbritanniens. Die jährlichen Wachstumsraten bei Internetzugängen liegen bei 49 Prozent, und im Jahr 2003 wird es ungefähr 35 Millionen Online-Shopper geben. Wir wären von allen guten Geistern verlassen, wenn wir dieses riesige Potenzial einfach ungenutzt ließen! Das Internet ist das Medium der Zukunft für »welt-weites Mobbing«!

Wie aber mobbt man per Computer? Es gibt eine Vielzahl von Möglichkeiten, sowohl im Internet als auch im Netzwerk einer Firma.

Ein weites Feld des Online-Mobbings liefert die immer wieder neu erscheinende Software für das Computersystem. Meistens ist ja gar nicht so viel neu: Wenn Sie sich ein bisschen damit beschäftigen, haben Sie das Prinzip schnell erkannt. Alle kochen nur mit Wasser, das gilt auch für Informatiker. Versuchen Sie, der Erste zu sein, der das neue System versteht und beherrscht. Noch besser ist es, wenn Sie sich in die Position dessen bringen können, der über die Anschaffung neuer Software mitbestimmt oder zumindest frühzeitig davon erfährt. Diesen Wissensvorsprung sollten Sie dann unbedingt für die Herabsetzungsstrategie nutzen. Zeigen Sie Ihrem neunmalklugen Kollegen, was für ein grobmotorischer IT-Analphabet er ist. Und führen Sie Ihrem Chef vor Augen, dass Sie der heimliche Spezialist für alle Softwarefragen sind.

Ein Angriff durch »Bombardierung« des Empfängers mit sehr vielen oder sehr umfangreichen elektronischen Nachrichten kann ebenfalls sehr effektiv sein. Die schiere Masse der Mails, die mit datenintensiven Bildern angereichert sein können, bringt nicht nur den Nutzer zur Verzweiflung, sondern unter Umständen auch den Server, den Computer oder das gesamte betriebliche Netzwerk zum Absturz.

In weniger gravierenden Fällen »erstickt« der Empfänger an der

Menge der Mails, die es ihm unmöglich machen, die wirklich relevante Post herauszufiltern und die anstehende Arbeit zu erledigen. E-Mail-Bombing ist demnach eine legitime Form des Psychoterrors. Wenn Sie nur lange genug damit fortfahren, wird Ihr Gegner schon bald zu viel Angst haben, um morgens überhaupt noch sein elektronisches Postfach zu öffnen.

Denken Sie aber daran, dass auch Unbeteiligte – womöglich sogar Sie selbst sowie Ihre Komplizen – in Mitleidenschaft gezogen werden können. Die zunehmende Netzbelastung kann zu kollektiver Verstimmung in der Firma führen, da alle Nutzer des betroffenen Servers mit Störungen rechnen müssen. In vielen Fällen ist ein Mailbox-Terrorismus dieser Art deshalb gar nicht mehr möglich, da die Systemadministratoren Abwehrmaßnahmen eingerichtet haben.

Wollen Sie Ihrem Chef nach dessen Urlaub nicht gleich über den Weg laufen? Dann überschütten Sie ihn als Erstes mit Bergen von Informationen, wichtigen wie unwichtigen. Sorgen Sie dafür, dass er an seinem ersten Arbeitstag eine Menge überflüssiger E-Mails vorfindet. Setzen Sie ihn während seiner Abwesenheit auf jede nur denkbare Mailing-Liste, damit er vor lauter Newslettern, Werbeanzeigen, Kaufangeboten und Viagra-Reklamen nicht mehr zum Nachdenken kommt. Das wird ihn sicher für einen halben Tag auf Trab halten. Er wird sein Postfach aufräumen und Sie in Ruhe lassen.

Überhaupt sollten Sie den Masseneffekt, der mit dem Internet leicht zu erzielen ist, strategisch ausnutzen. Verschicken Sie E-Mails an Kollegen und Freunde, die Sie kalt stellen wollen, grundsätzlich mit der Wichtigkeitsstufe »Hoch«. Sorgen Sie so dafür, dass die lieben Kollegen viele völlig belanglose Dinge lesen müssen. Ausführliche, langweilige Texte kosten die Kontrahenten Zeit und führen während der Arbeit zu erheblicher Demotivation. Vollkommen demoralisieren können Sie den Gegner durch einen Virus, den Sie ihm, auf Umwegen natürlich, in die Post schmuggeln. Bei einem kompletten Systemabsturz in der Firma wird jeder Ihren Kollegen verdächtigen, »unsaubere« Mails aus zweifelhafte Quellen erhalten zu haben. Das ist wirkungsvoller als eine breit angelegte Gerüchtediplomatie!

Eine weitere sehr verbreitete Methode ist das Versenden von so genannten »Schmuddelseiten« an die bevorzugten Konkurrenten. Wenn diese im Großraumbüro sitzen, ist eine peinliche Situation vorprogrammiert. So etwas funktioniert übrigens auch mit dem »besten Freund«, vor allem wenn dessen Lebensgefährtin Zugang zu seinem Internetanschluss hat. Bedenken Sie aber Folgendes: Auch wenn beim Einhalten gewisser Grenzen das Versenden von Schmuddelpost strafrechtlich wohl nicht relevant ist, mit gutem Geschmack oder elegantem Mobben hat das nichts mehr zu tun. Wollen Sie sich wirklich mit Anbietern von 0190-Telefonnummern auf eine Stufe stellen? Da eröffnet Ihnen dieses Buch doch ganz andere Perspektiven.

Generell sollten Sie darauf achten, dass ab und an auch eine wichtige Nachricht übermittelt wird. Sonst schaltet Ihre Mobbing-Zielperson irgendwann einfach ab, weil sie keine belanglosen oder unappetitlichen E-Mails mehr lesen mag!

Mobbing im Netzwerk stellt eine weitere wirkungsvolle Alternative zu den herkömmlichen Methoden dar. Bis hin zum Fernsteuern anderer PCs ist alles möglich. Man übernimmt dabei mithilfe einer Software die komplette Kontrolle über den »feindlichen« Computer. Das Verstecken oder Löschen von Dateien und E-Mails ist dann nur noch eine Formsache. Gleiches gilt für das Ausspionieren und anschließende Ändern von Benutzernamen und Passwörtern, zum Beispiel für die Netzwerkanmeldung oder das E-Mail-Programm. Das Verändern von Daten und Passwörtern führt schnell zum Verdruss der Betroffenen. Der Psychoterror durch anonyme Telefonanrufe oder die üble Nachrede im Treppenflur sind einfach nichts dagegen!

Beeinflussen Sie also die elektronische Kommunikationsstruktur in Ihrem Unternehmen so, dass sie ausschließlich Ihnen nutzt. Gebrauchen Sie das Internet frei nach dem Motto: »Wissen ist Macht«!

Wandeln Sie das Einstein'sche Prinzip »Nur das Einfache ist genial« ab und mobben Sie nach der Devise: »Nur das Komplizierte schafft Verunsicherung und Frustration«. Das Online-Mobbing bietet einem innovativen Freigeist wie Ihnen geradezu unbegrenzte Möglichkeiten.

Mitarbeitergespräch

Wenn wir schon beim Bossing, dem Mobben des Chefs gegenüber Mitarbeitern, sind: Das Mitarbeitergespräch ist nicht nur ein Führungsinstrument für Manager, sondern auch die Paradesituation für so genanntes *leadership mobbing*. Hier sichern Sie die Grundlagen Ihrer Position, sortieren die Konkurrenz aus und verweisen diese an den ihr gebührenden Platz.

Im engeren Sinne bedeutet *leadership mobbing*, dass Sie Ihre Führungsposition durch gutes Mobbing unmittelbar gegenüber den konkurrierenden Rivalen, die Ihnen (noch) unterstehen, festigen. Sie sollten dazu einige Mobbing-Erfahrung mitbringen. Das dürfen wir aber unterstellen, da Sie es schon zu »etwas« gebracht haben. Denken Sie auf alle Fälle daran: Das Mitarbeitergespräch ist nicht nur eine mobbing-strategische Situation, sondern hat auch eine personalorganisatorische Seite, auf die sich der Betroffene gegenüber dem Betriebsrat und der obersten Heeresleitung beziehen kann. Sie dürfen sich also keinen Fehler erlauben.

Wenn Sie sich das zutrauen, können Sie zum Beispiel durch die Vereinbarung von Zielen, beruflichen Entwicklungsperspektiven oder einem konkreten Arbeitsprogramm mit Ihrem potenziellen Rivalen abrechnen. Erfolg versprechend ist vor allem die Zermürbung des Selbstbewusstseins und die Disqualifizierung des Kollegen vor den anderen Gesprächsteilnehmern (Herabsetzungsstrategie). Einigen Sie sich auf Ziele, die er nicht erreichen kann, seien Sie begeistert von Entwicklungsperspektiven, die er gar nicht will, und drücken Sie ihm ein Arbeitsprogramm aufs Auge, das praktisch nicht durchführbar ist.

Wie macht man das? Fangen Sie an, Ihr Opfer überschwenglich für seine guten Eigenschaften (Ausdauer, Fleiß, Zuverlässigkeit) zu loben. Das liefert Ihnen die Rechtfertigung dafür, diesen »leistungsfähigen« Mitarbeiter mit Aufträgen zu überschütten. Werden Sie mit Ihrer Jubelrhetorik aber nicht ironisch: Auch wenn Sie sich vor Lachen auf die Zunge beißen müssen, bleiben Sie ernsthaft, wenn Sie erzählen, dass Sie nur diesem einen Kollegen komplizierte Aufgabenlösungen zutrauen, dass dessen Erfahrung in Ihrer Abteilung sowie wahrscheinlich in der ganzen Firma unerreicht ist und dass dessen spezielle Ausbildung ihn zu etwas ganz Besonderem macht. Glauben Sie uns, jeder hört gern sein eigenes Lob, und niemand kommt auf die Idee, dass Sie damit jemanden aufs Glatteis führen oder aufs Kreuz legen wollen.

Nach dieser argumentativen Vorarbeit legen Sie Ihrem Rivalen mit einer gewissen abnötigenden Dringlichkeit nahe, alle ganz außergewöhnlich wichtigen Dinge verantwortlich zu übernehmen. Auf die gleiche Weise lenken Sie ihn auf eine Entwicklungsperspektive, die er selbst nicht intendierte, bei der Sie ihn jedoch für eine gewisse Zeit – oder gar dauerhaft – als Konkurrenten überholen können.

Sie meinen, das lässt sich nur mit verunsicherten, dünnhäutigen Kandidaten bewerkstelligen? Da täuschen Sie sich! Diese wären für Sie ohnehin keine Konkurrenz. Bei seiner Eitelkeit ist jeder auch noch so perfekte Mitarbeiter zu packen. Solange Sie den Schein der Hochschätzung wahren, wird der derartig Hochgelobte an seine übermenschlichen Kräfte, die Sie ihm so plastisch vor Augen geführt haben, glauben. Keinesfalls wird er Ihnen widersprechen. Doch aufgepasst: Seien Sie misstrauisch, wenn Sie selbst beim nächsten Mitarbeitergespräch allzu viel Lob von oben erhalten. Vielleicht hat Ihr eigener Boss auch unser Buch gelesen und will Ihnen einige unangenehme Aufgaben unterjubeln.

Völlig anders stellen sich die Verhältnisse dar, wenn Sie Ihre Mitarbeiter nicht ausbooten, sondern für irgendwelche hinterlistigen Zwecke einsetzen wollen. Grundsätzlich eignen sich dazu fast alle unsere Mobbing-Strategien. Aber eine ist besonders zu empfehlen, weil sie eine typische Vier-Augen-Situation voraussetzt: die Gerüchtediplomatie.

Beginnen Sie harmlos. Hangeln Sie sich an einem Leitfaden für Mitarbeitergespräche entlang. Das ist zwar langweilig, für Sie und den Mitarbeiter, erweckt aber den Eindruck von Neutralität, Seriosität und objektivem Personalmanagement. Wenn Sie an einer geeigneten Stelle angekommen sind, zum Beispiel beim Verhältnis zu den Kollegen oder bei der Zusammenarbeit mit anderen Abteilungen, setzen Sie mit vertraulichen Anekdoten über andere Mitarbeiter, Kollegen und Vorgesetzte ein. Vertrauen Sie dem Gesprächspartner unter dem Siegel der Verschwiegenheit Anspielungen und Informationen an, die Sie rasch in Umlauf gesetzt sehen möchten. Die Gelegenheit ist günstig, Ihren Mitarbeiter in Ihrem Sinne zu positionieren und zusätzlich eine ganze Menge über andere Kollegen zu erfahren. Natürlich gelten die vorher erwähnten, üblichen Vorsichtsmaßnahmen, damit Sie am Schluss nicht doch ein Eigentor erzielen.

Was für die Gerüchtediplomatie gilt, ist auf die Solidarisierungs- und Umarmungsstrategie übertragbar. Mit diesen Varianten haben Sie gleichfalls gute Chancen, im Verlauf des Mitarbeitergesprächs nicht nur den formalen Auftrag zu erfüllen, einige unbedeutende Belanglosigkeiten auszutauschen, sondern gleichzeitig die Durchsetzung Ihrer persönlichen strategischen Ziele voranzubringen. Deshalb müssen wir Ihnen an dieser Stelle noch einmal den viel zitierten Ratschlag geben: Seien Sie kommunikativ! Ob in der Kantine, online oder im Mitarbeitergespräch, eine elaborierte Gesprächskultur zahlt sich immer aus.

Besprechung

Womit wir gleich beim nächsten Thema wären: Die Besprechung ist nicht nur der ideale Ort, um die Fehler der Widersacher zu thematisieren, sondern auch, um Koalitionen mithilfe der Solidarisierungsstrategie gegen nicht anwesende Kontrahenten oder sogar gegen Gesprächsteilnehmer zu schmieden.

Natürlich ist die Vorstellung nicht ohne Reiz, angebliche Fehler vor versammelter Mannschaft auf den Tisch zu legen, laute Kritik daran zu üben und den betreffenden Konkurrenten zur Rede zu stellen. Solch ein plattes Vorgehen wird Ihnen allerdings nur das geballte Missfallen der übrigen Mitarbeiter eintragen.

Wesentlich wirkungsvoller ist es, wenn Sie die Fehler zunächst moderat vielleicht nicht gerade als einschlägigen Erfolg, aber zumindest als halbwegs erreichbares, zufrieden stellendes Ergebnis verkaufen. Spielen Sie hier ruhig den Unentschlossenen, der sich in der besagten

Angelegenheit noch keine endgültige Meinung gebildet hat. Das werden dann die anderen für Sie erledigen. Falls diese sich nicht selbst trauen, die sowieso schon im Raum stehende Kritik zu formulieren, fordern Sie einfach dezent dazu auf, indem Sie nach »weiteren Meinungsäußerungen« fragen.

Beispiel: Ihr Mobbing-Opfer hat im Verkauf den Preis für ein Produkt um etliche Cent zu niedrig ausgehandelt oder sich im Einkauf auf eine objektiv nur schwer absetzbare Farbe eingelassen. Sie wissen, dass allen oder zumindest den wichtigen Leuten schon im Vorfeld klar war, dass der Kollege hier fehlerhaft oder schlampig gehandelt hat.

Der Ablauf der Besprechung könnte sich dann folgendermaßen zutragen: Zunächst rekapitulieren Sie emotionslos das Verhandlungsergebnis. Heben Sie hervor, dass der Betreffende sich dankenswerterweise selbstständig um den Sachverhalt gekümmert hat, und lassen Sie ihn vielleicht auch noch kurz erklären, welche Gründe ihn zu seiner Entscheidung bewogen haben. Geben Sie keine abschließende Bewertung in der Sache ab, denn das würde nur die Unmutsbekundungen der anderen, die vielleicht an dem Vorgang beteiligt waren, hemmen. Sie halten sich also vorerst weitgehend bedeckt. Wichtig sind jetzt die Kommentare der Anwesenden. Wenn nicht gleich deutliche Kritik aufkommt, helfen Sie nach. Fragen Sie etwa den Marketingexperten, wie er die Farbe des Produkts im Hinblick auf den Absatz einschätzt, oder bitten Sie den Verkaufskollegen um eine kritische Stellungnahme zur derzeitigen Niedrigpreis-Politik.

Sollten Sie nicht nur von kompletten Nieten und Schlappschwänzen umgeben sein, wird die Fehlentscheidung nunmehr ohne große Umschweife bloßgelegt und der Verantwortliche ausgepunktet, ohne dass Sie sich offen daran beteiligen müssen. Sie brauchen die missbilligende Würdigung des Vorgangs nur noch aufmerksam aufzugreifen. Nehmen Sie das Heft wieder in die Hand und vollziehen Sie die Kehrtwende von anfänglich milder Aufgeschlossenheit zur schroffen Kritik. Jetzt ist Ihr Gegner reif für eine rhetorische Hinrichtung im Rahmen der Besprechung.

Manchmal liegt der Fehler, über den die Konkurrenz stolpern soll, nicht im Ergebnis, sondern im Verfahren innerbetrieblichen Handelns.

Dazu ein weiteres Beispiel: Ein Mitarbeiter, der Ihnen ein Dorn im Auge ist, hat es verpasst, den Marketingchef zu befragen, bevor er sich auf eine Farbentscheidung festlegte. Auch wenn Sie das vorher erfahren haben sollten, stellen Sie ihn nicht einfach unter vier Augen zur Rede. Lassen Sie ihn im Glauben, Sie wüssten nichts vom nachlässigen Ablauf des Vorgangs. Bringen Sie Ihr Wissen erst in die Besprechung ein. Die damit verbundene Wirkung wird ungleich größer sein.

Danken Sie dem Kollegen für seinen »mutigen« Vorschlag ebenso wie dem Marketingchef, der diesen so »kühn« mitgetragen habe – obwohl Sie genau wissen, dass er gar nicht gefragt worden war. Eine spürbare Verwunderung Ihrerseits muss zwischen den Zeilen aber schon mitschwingen, denn der Chef soll ja jetzt öffentlich die Sache richtig stellen und damit die Jagd auf Ihr potenzielles Opfer eröffnen. Nun kommt Ihre Stunde. Sie zeigen sich empört, rügen den Formfehler sowie die angeblich falsche Entscheidung, die fatale Folgen für das gesamte Unternehmen habe.

Werfen Sie dem Rivalen vor, dass er nicht mit der notwendigen Sorgfalt vorgegangen sei und die geschmacklose Farbauswahl die Kollektion praktisch unverkäuflich mache. Die Rollen sind damit klar verteilt. Alle werden auf Ihrer Seite stehen. Ein lästiger Konkurrent ist vorerst aus dem Rennen. Lassen Sie sich durchaus eine gewisse Entspannung anmerken, denn dieser soll mit dem Gefühl davongehen, dass er momentan und auch in naher Zukunft keine Chance gegen Sie hat.

Besprechungen sind außerdem der richtige Ort, um die Konkurrenz unter den Mitarbeitern mit immer neuen und wechselnden Entscheidungs- und Verfahrensarten zu verwirren. Aber: Beim »Spielregeln ändern« heißt es aufgepasst. Untergraben Sie nicht Ihre eigene Autorität als professionell arbeitender Chef, indem Sie wild hin und her taktierend lauter Ad-hoc-Entscheidungen treffen und den Eindruck einer chaotischen Verhandlungsführung erwecken. Sie brauchen immer wieder gute Gründe für die Abwandlung der Verfahrensregeln, denen sich die Teilnehmer des Gesprächs nicht entziehen können. Sie müssen den Ablauf vorher perfekt inszenieren, damit Ihre strategisch eingesetzten Kehrtwendungen zwar unkalkulierbar für die Konkurrenz sind, aber trotzdem zielgerichtet erscheinen. Agieren Sie also mit der größten Vorsicht und absolutem Weitblick. Sonst mobben Sie sich irgendwann selbst!

Bewerbungsgespräch

Die besonderen Eigenarten des Menschen, das wissen gute Mobber, sind hoch komplex. Wer die menschlichen Grundregeln kennt, geht immer als Sieger vom Platz. Aus langjährigen Erfahrungen wissen wir, dass den Erdenbewohnern nichts Schlimmeres passieren kann, als dass man sie in dem, was sie denken und sagen, ernst nimmt. Kein Mensch möchte allen Ernstes beim Wort genommen werden! Sie sind da wahrscheinlich noch gegenteiliger Meinung. Folgen Sie uns deshalb in die nächste Beispielsituation:

Ein junger Mann bewirbt sich bei einem Internetunternehmen in Köln. Während des Vorstellungsgesprächs fragt der Chef nach den Fähigkeiten und Kenntnissen im PC-Bereich. Der Bewerber weiß zwar einigermaßen gut Bescheid, ist aber nicht so perfekt, dass er allen Ansprüchen genügen kann. Aber wer ist das auch schon? Selbstverständlich wird dieser junge Mann so tun, als würde er allen Anforderungen entsprechen.

Wenn der Chef, nachdem er sich zur Einstellung entschlossen hat, später überprüft, ob sich alle Ankündigungen auch im beruflichen Alltag wiederfinden, wird er daher mit Sicherheit Grund zur Beanstandung haben. Erfahrene Personalchefs ziehen aus diesem Grund von dem in Bewerbungsgesprächen Gesagten erst einmal 50 Prozent ab, halten aber dennoch alles fest, um es bei geeigneter Gelegenheit den Mitarbeitern vorhalten zu können.

Als Vorgesetzter können Sie sich also oftmals kein vollständiges Bild von demjenigen machen, den Sie sich eingehandelt haben. Trotzdem bleibt Ihnen noch eine letzte Möglichkeit, eventuellen Schaden von Ihrer Firma abzuwenden. Messen Sie den Neuling während der Probezeit an seinen Versprechungen. Nehmen Sie ihn beim Wort. Sie werden schon sehen, was dabei herauskommt.

Haben Sie den Betreffenden wider besseres Wissen fest eingestellt, können Sie seine vollmundigen Zusicherungen beizeiten gegen ihn verwenden. Bei anstehenden Gehaltserhöhungen, einem Geschäftsauto, einer neuen Büroausstattung oder sonstigen von Ihnen unbeabsichtigten Dreingaben haben Sie genügend Munition, ihm diese zu verwehren. Teilen Sie dem aufdringlichen Nichtsnutz mit, er müsse sich noch bewähren und möge zunächst einmal all die Versprechungen einlösen, die er beim Einstellungsgespräch gemacht habe. Danach würde man weitersehen. Das sofort einsetzende Schuldgefühl wird Ihren werten Mitarbeiter schnell verstummen lassen.

Was hat das aber mit Mobbing zu tun? Ganz einfach: Nageln Sie den jungen Kollegen auf seine Versprechungen fest. Damit schaffen Sie eine gute Ausgangsbasis für die Anwendung vieler Mobbing-Strategien von der Herabsetzung bis zur Umarmung. Außerdem erhalten Sie so eine Grundlage für spätere Abmahnungen, die letztlich dazu führen, dass Sie den ungeliebten Newcomer bald wieder loswerden. Notieren Sie bei Einstellungen also alle Fähigkeiten, Versicherungen und Kenntnisse, um diese später mit der Realität abgleichen zu können. Mit Sicherheit bekommen Sie genug Material in die Hand, um im Falle eines Falles jeden Mitarbeiter fristlos vor die Tür setzen zu können.

Doch wie jede Mobbing-Situation hat auch das Bewerbungsgespräch zwei Seiten. Umgekehrt haben Sie als Mitarbeiter die Chance, es Ihrem neuen Vorgesetzten mit gleichen Mitteln heimzuzahlen. Erinnern Sie Ihren Personalchef zu gegebener Zeit an seine Versprechungen und Hoffnungen, die er einst in die Welt setzte, um Sie zunächst für den Betrieb zu gewinnen und dann ruhig zu halten. Fragen Sie so konkret wie möglich nach und notieren Sie exakt alles mit Datum, Ort und Uhrzeit. Berichten Sie mithilfe der Gerüchtediplomatie offen und freimütig über die ausgehandelten Vorteile. So wird es schwer für den Chef, das Ganze abzuleugnen, zumal die Kollegen nun auch auf gewisse Entschädigungen und Zugeständnisse pochen werden.

Betreiben Sie dieses Spiel einige Zeit lang. Nehmen auch Sie Ihren Chef beim Wort. Dann wird er es bald nicht mehr wagen, Sie aus Ihrem Job zu mobben. Denn Sie wissen einfach zu viel – oder können sich zumindest daran erinnern, dass er »irgendwann einmal davon gesprochen hat«.

Drum merke: Nur wer seinen Mitmenschen ernst nimmt, hat irgendwann die Chance, ihn mit seinen eigenen Worten zu überlisten!

»Bitte Rücksprache« – »bR«

Nicht nur in deutschen Amtsstuben, auch in den Verwaltungen kleinerer Unternehmen gibt es das berüchtigte Kürzel »bR«. Allein die beiden Buchstaben lösen regelmäßig Verwirrung, Schweißausbrüche, latente Angst- und Versagenszustände, Zittern und Nervosität aus. »bR« ist das bürokratische Symbol für Psychoterror. Deshalb sollten Sie das Kürzel häufiger verwenden, auch wenn es gar nichts Wichtiges zu besprechen gibt. Mit einer kleinen mündlichen Rücksprache können Sie Ihr »Chef-Sein« immer wieder eindrucksvoll demonstrieren. Verzichten Sie nicht auf dieses äußere Zeichen der Macht, insbesondere dann nicht, wenn durch einen Mitarbeiter eine ernsthafte Konkurrenz heranwächst.

Als fortgeschrittener Mobber nutzen Sie »bR« natürlich noch effektiver. Sie überschütten Ihren Lieblingskontrahenten mit »bR«, räumen ihm dann aber keine Zeit für die erbetenen Rücksprachen ein. Zwischenzeitlich erkundigen Sie sich, was eigentlich aus der einen oder anderen Sache geworden ist, bitten um Ergebnisse und kritisieren, dass noch keine brauchbaren Vorschläge auf dem Tisch liegen.

Mit den Rücksprachen können Sie Stück für Stück die Verantwortung Ihres ungeliebten Mitarbeiters zurückfahren. Sie ziehen einfach die Entscheidung für alle Bereiche an sich, da sich der Kollege auf zahlreiche Bitten hin nicht gemeldet hat. Attestieren Sie ihm mangelnde Kooperationsbereitschaft. Aber vorsichtig: Bestrafen Sie sich nicht selbst mit unnötiger Arbeit, delegieren Sie weiter.

Der große Vorteil der Rücksprache: Sie haben die Sache erst einmal vom Tisch. Stattdessen findet Ihr Mitarbeiter einen weiteren Vorgang auf seinem großen unerledigten Arbeitsstapel wieder. Das erhöht Stress, Druck und konsequenterweise das Fehlerpotenzial. Den Zeitpunkt für die Rücksprache haben Sie selbst in der Hand. So erwischt Sie niemals jemand auf dem falschen Fuß. Sie können sich entspannt wichtigeren Dingen widmen und sich zum Antichambrieren bei Ihrem Chef einfinden.

Büro

Das Büro ist das Schlachtfeld des Berufslebens. Beim Kampf ums beste Zimmer, um den Zutritt zum Vorzimmer oder bei der Büroausstattung, an diesem Ort existieren genügend strategische Situationen, in denen Sie Ihre Interessen angesichts der vielfältigen Verteilungskonflikte zu vertreten haben. Auch hier helfen unsere Mobbing-Strategien einmal mehr weiter.

Problem »Kampf ums Büro«: Sie glauben, weil Sie der Jüngste im Betrieb sind, haben Sie kein Anrecht auf ein eigenes Zimmer? Wieso denn? Abgesehen vom Alter gibt es viele weitere Kriterien, nach denen Büroräume zugeteilt werden. Daher müssen Sie immer, bevor Sie sich auf eine Diskussion einlassen, die möglichen Voraussetzungen sondieren, damit Sie sich später nur auf diejenigen berufen, bei denen Sie besser abschneiden.

Welche Kriterien gibt es? Meistens gilt das Senioritätsprinzip, also der Grundsatz: »First come, first served.« Wenn Sie noch nicht lange in der Firma arbeiten, vergessen Sie diese in der Sache völlig abwegige Kategorie gleich wieder und erklären Sie öffentlich: »Aussitzen ist meine Sache nicht!« Wenn Sie jedoch ein altgedientes Firmenmitglied sind, warnen Sie davor, von einer traditionellen und generell akzeptierten Regelung abzuweichen. Ihr Argument: Das führe zu Unsicherheit und Verärgerung, gerade unter den verdienten und zuverlässigen Kräften.

Ein weiteres Kriterium für die Büroraumverteilung ist das Leistungsprinzip, das Sie natürlich zu Ihren Gunsten auslegen. Fordern Sie als Spitzenkraft ein großes Büro als Belohnung. Wenn Sie Kunden und Lieferanten empfangen, benötigen Sie selbstverständlich repräsentative

Räume. Ein ruhiges und kreatives Umfeld ist natürlich für jeden Kopf-
arbeiter unerlässlich. Doppelzimmer sowie Großraumbüros scheiden
da von vornherein aus.

Haben Sie die Befürchtung, dass Sie mit solchen Argumenten bei
den Kollegen nicht weiterkommen? Kein Problem. Dann sorgen Sie zuallererst dafür, dass die Büroraumfrage nicht im Konsens zwischen den
anderen gelöst wird. Hierzu nutzen Sie das ganze Arsenal an Techniken, das wir Ihnen schon vorgestellt haben, zum Beispiel das Säen von
gegenseitigem Misstrauen (Gerüchtediplomatie), den Aufbau einer Koalition, die eine Mehrheitsentscheidung verhindert (Solidarisierungsstrategie) oder das Aufbrechen einer solchen Mehrheit durch das An-
biedern an einzelne Gruppenmitglieder (Umarmungsstrategie).
Irgendwann gelangt die Sache dann zum Chef. Überzeugen Sie ihn davon, dass er die Frage nicht im stillen Kämmerlein entscheiden kann,
sondern eine Lösung innerhalb der Gruppe die bessere ist. Das sei
schließlich Ausdruck eines kooperativen Führungsstils.

Bei der daraufhin sicher stattfindenden Besprechung halten Sie sich
zurück. Wenn Sie aufgefordert werden zu sprechen, antworten Sie
vage, es gebe ja ganz verschiedene Möglichkeiten, über die man ausführlich diskutieren müsse. Dann schauen Sie zu, wie sich die Kollegen
die Köpfe einschlagen, und geben Sie immer allen Recht. Es wird nie-
mandem auffallen, dass Sie eigentlich ganz egoistische Positionen vertreten. Erst wenn der Chef erste Symptome des Genervtseins zeigt,
schlagen Sie zu und entkräften nach und nach alle Argumente und Kriterien, bis nur noch eine Entscheidungsmöglichkeit übrig bleibt, nämlich eine Raumverteilung zu Ihren Gunsten. Wenn der Unmut des
Chefs über die ganze Sache groß genug ist, wird er jetzt einfach zugrei-
fen und die Sache in Ihrem Sinne entscheiden.

Problem »Büroausstattung«: Was wir Ihnen in Bezug auf das Büro-
zimmer geraten haben, gilt natürlich ebenso für die Beschaffung von
Büromöbeln, Computern, Kaffeemaschinen, Dienstwagen, Geschäftsreisen und Schreibmaterialien. Verzichten Sie nicht unnötig auf Sta-
tussymbole, die für Ihr Wohlbefinden wichtig sind. Vergessen Sie Ihre
vor-mobberische Vorstellung, einem anderen stünde mehr zu, weil das
bisher immer so gehandhabt wurde. Die Regeln für die Zuteilung von

Ressourcen sind Ihren Bedürfnissen anzupassen. Orientieren Sie sich an der Strategie »Spielregeln ändern«.

Problem »Vorzimmer«: Dies ist der wichtigste Ort einer jeden Managementetage. Sekretärinnen sind die zentralen Entscheidungsträger, denn sie sortieren aus, wer überhaupt zum Chef vorgelassen wird und mit was man ihn behelligen darf. Nicht selten entscheiden sie den Rest dann auch noch ganz allein.

Wie kommen Sie in den so notwendigen Genuss des Wohlwollens der Sekretärin? Und fast ebenso wichtig: Wie schneiden Sie der Konkurrenz den Zutritt zu dieser Karriereressource effektiv ab? Ein gewisser Körpereinsatz sowie die Umarmungsstrategie können da weiterhelfen.

Zuerst müssen Sie sich das Wohlwollen erarbeiten. Denken Sie daran: Diese Frau bzw. diese Frauen sind wichtiger als Sie, egal, ob Sie selbst studiert, jahrelang irgendetwas Wichtiges irgendwo bei irgendjemand Wichtigem gearbeitet haben, während die Vorzimmerdamen die Ablage machten. Deshalb zeigen Sie Feingefühl, Rücksichtnahme und niemals, auf gar keinen Fall, irgendeine Form von Arroganz. Egal, welches Misstrauen Ihnen am Anfang entgegenschlägt, bleiben Sie nett, freundlich und liebenswert.

Nach einer gewissen Zeit darf es auch mal eine kleine Aufmerksamkeit sein. Investieren Sie hier keine Unsummen, das wirkt neureich und aufdringlich. Ihr Kostenbudget liegt definitiv unter 10 Euro. Sie sollen ja behutsam vorgehen, denn Sekretärinnen sind stolz und lassen sich nicht kaufen.

Mit dem Ihnen angeborenen Charme spielen Sie lässig und wickeln die Damen um den Finger. Plauschen Sie ein bisschen beim Kaffee oder kurz vor dem Feierabend. Beugen Sie sich leicht über den Schreibtisch, lächeln Sie und lauschen Sie den kleinen Sorgen, mit denen die Sekretärinnen tagtäglich zu tun haben. Bringen Sie ein wenig Heiterkeit in das Vorzimmer. Die gestressten Damen werden es brauchen können. Halten Sie sie aber nicht zu lange von der Arbeit ab, Sekretärinnen sind schließlich für Ihr strenges Arbeitsethos bekannt.

Haben Sie das Wohlwollen des Vorzimmers, sind Sie im Vorhof der Macht angekommen. Geben Sie diesen Platz niemals wieder freiwillig preis. Eine bessere und klügere Verbündete als die Sekretärin Ihres Chefs werden Sie nie wieder finden!

Teamarbeit

Bevor Sie sich für die Einrichtung eines Teams entscheiden, wägen Sie sorgfältig alle Vor- und Nachteile ab. Teams können unter Umständen tödlich sein! Die vielfach bei naiven und einfältigen Menschen herrschende Meinung, Teamarbeit bringe nur Vorteile und sei grundsätzlich die beste Organisationsform, teilen wir überhaupt nicht!

Dem Team steht ein Mobber oft kritisch gegenüber, weil

1. die Teamarbeit den Interessen eines Mobbers entgegenstehen kann,
2. der berufliche Erfolg des Mobbers erheblich verzögert werden kann,
3. der Kreis der Teammitglieder häufig so groß ist, dass die Chancen des Mobbers geschmälert werden,
4. das Team von Ihnen nur mit erhöhtem Aufwand an Mobbing-Strategien kontrolliert werden kann,
5. das Intelligenzpotenzial des Teams so hoch sein kann, dass Sie an Tagen, an denen Sie einmal nicht in Form sind, einfach ausgebootet werden könnten.

Mobber wissen, dass Teams zu Konsensentscheidungen neigen, und zwar um jeden Preis. Abweichende Meinungen werden in einer sozialen Gruppe in der Regel unterdrückt. Je größer der Kameradschaftsgeist in einem Team ist, desto schwerer wird es für Sie, sich mit einem individualistischen, unabhängigen und erfolgsorientierten Denken durchzusetzen.

Ein augenfälliges Beispiel für die Tücken des Teamgeistes liefert die Filmwelt. Hier beobachtet man nicht selten, wie nervtötend es ist, eine Gruppe gefügig zu machen und für seine Interessen einzusetzen.

Nun zu unserem Filmbeispiel:

In einem Justizdrama mit dem Titel *Die zwölf Geschworenen* spielen Schauspieler wie Henry Fonda und Lee J. Cobb eine Gruppe von Geschworenen, die in einem Mordfall das Urteil zu fällen haben.

Der Film beginnt, als sich die Männer in das Beratungszimmer zurückziehen und vom Richter noch einmal instruiert werden. Zunächst sieht es so aus, als ob alle den Angeklagten schnell schuldig sprechen würden. Bei der Probeabstimmung plädieren elf Geschworene für »schuldig«, nur einer für »nicht schuldig«. Man berät von neuem, jeder Geschworene erklärt seinen Standpunkt, und die elf Befürworter versuchen, den Abweichler umzustimmen. Der aber beharrt auf seinem Urteil.

Noch einmal wird eine Abstimmung in geheimer Wahl durchgeführt. Jetzt enthält sich der Kritiker der Stimme, doch bei der Auszählung ist ein weiterer Abweichler hinzugekommen, der nun ebenfalls für »nicht schuldig« stimmt. Am Ende des Films ist jeder der elf Geschworenen, einer nach dem anderen, zum Urteil »nicht schuldig« übergegangen. Der Angeklagte wird nicht zum Tode verurteilt.

Nur mit großen Mühen und unter Einsatz der Umarmungs-, Solidarisierungs- und Ablenkungsstrategie gelang es im Film dem Außenseiter, die Mehrzahl der Geschworenen von seinem Anliegen zu überzeugen. Dazu brauchte er mehrere Wochen. Viel einfacher wäre es natürlich gewesen, wenn er hätte allein entscheiden können, um seine Meinung durchzusetzen, die schließlich jemandem den Tod ersparte.

Ein Team scheint also nur dann sinnvoll zu sein, wenn man es instrumentalisieren kann für die eigenen Erfolgsinteressen. Aber auch das ist, wie das Beispiel zeigt, ein oft langwieriges, Zeit und Nerven raubendes Unterfangen. Deshalb sollten Sie vorher genau überlegen, ob Sie das Wagnis der Teamarbeit eingehen oder als Einzelkämpfer auf Nummer Sicher gehen wollen.

Teams sind für Sie dann gut, wenn

1. Spezialisten Ihnen den Weg zur Realisierung des beruflichen Aufstiegs erleichtern. Wenn Sie zum Beispiel selbst gerade keine guten Ideen mehr haben, aber dringend auf neue angewiesen sind, benötigen Sie ein Team.

2. Sie besonders resistente Konkurrenten vor versammelter Mannschaft herabsetzen und diskriminieren wollen. Hier fungiert das Team als Erziehungsmittel.

3. Sie selbst eine heikle Angelegenheit nicht lösen können. Übertragen Sie diese getrost einem Team zur weiteren Bearbeitung.

4. Sie unliebsame Vorhaben auf die lange Bank schieben wollen. Das nennt man im Betriebsjargon auch »Begräbnis erster Klasse«.

5. Sie eine unbequeme Person zeitlich so binden wollen, dass derjenige zu keiner sinnvollen Arbeit mehr kommt und dadurch im Betrieb Ihre Kreise nicht mehr stören kann. Machen Sie eine derartige Person einfach zum Chef des Chaotenteams.

Wollen Sie es also tatsächlich wagen und ein Team in Ihre Mobbing-Strategie einbauen, dann empfehlen sich folgende Regeln:

1. Bestimmen Sie im Vorfeld möglichst konkret das Ziel, welches Sie mit dem Team erreichen wollen. Der Maßstab sind natürlich wie immer Ihre Bedürfnisse.

2. Nehmen Sie Einfluss auf die Zusammensetzung des Teams, der Anteil der Kalfaktoren (Hilfskräfte ohne eigene Meinung) muss eindeutig die Mehrheit bilden.

3. Bestimmen Sie, wie viel Zeit dem Team zur Verfügung steht, damit (je nach Wunsch) eine oder keine Zeitverschwendung entsteht.

Doch Achtung! Bevor Sie sich in Ihrem Betrieb ein Team aufhalsen, sollten Sie wirklich alle Nebenwirkungen bedenken, sonst sind Sie am Ende nur der Dumme.

Der Feind in meinem Bett

Hin und wieder begegnen uns Menschen, die hinterhältig und völlig ungeniert ihren Körper einsetzen, um sich auf unsere Kosten zu profilieren. Sie kennen wahrscheinlich in Ihrem Bekanntenkreis diverse Exemplare, die das auch so handhaben. Ob hierbei eine brachiale Direktheit oder eine subtile Indoktrination verfolgt wird, ist unerheblich. Wichtig ist zu erkennen, dass uns solche Mitmenschen keinen »Liebesdienst« erweisen, sondern an die Wand drängen wollen, um uns das Wasser abzugraben und irgendwann als Verlierer dastehen zu lassen.

Sie werden sich sicher fragen, was hiermit gemeint sein kann?

Stellen Sie sich vor, Sie seien ein besonders erfolgreicher Manager oder Managerin. Über Ihnen befindet sich in der Hierarchie nur noch der Vorstand des Unternehmens, sonst niemand mehr. Zudem sehen Sie nicht nur hervorragend gut aus und kleiden sich geschmackvoll und modern, Sie beherrschen auch noch alle Mobbing-Strategien, denn sonst wären Sie wohl nie in diese Position gekommen.

In dieser Situation, so könnte man glauben, steht Ihrem weiteren beruflichen Höhenflug nichts mehr im Wege. Doch weit gefehlt! Auch für den erfolgreichsten Manager und genialsten Mobber lauern überall Gefahrenherde von ungeahntem Ausmaß, wenn man nicht aufpasst.

Sie werden sich vermutlich auch hier wieder fragen, welche Gefahren das wohl sein sollen.

Was kann einem mit allen Mobbing-Wassern gewaschenen Menschen überhaupt noch schaden? Die Frage ist leicht zu beantworten, wenn man weiß, dass es Individuen gibt, die über heimtückische Körpereinsatzmethoden verfügen und uns damit vollständig zu vernichten trachten. Wie geht das?

Sie haben in der Firma, in der Sie wie oben geschildert Manager sind, mehrere Nebenbuhler, die den Chefsessel gern okkupieren möchten. Mit legitimen Mitteln können Ihnen diese Gegner längst nicht mehr gefährlich werden. Solche angriffslustigen Individuen bedienen sich anrüchiger und niederträchtiger Taktiken, nämlich denen der sexuellen Verführung oder Belästigung.

Eine sexuelle Verführung ist der raffinierte Versuch, Sie durch ein erotisches Angebot, das Sie einfach nicht ablehnen können, einzufangen, um dadurch an Ihre beruflichen Ziele, Absichten, Strategien und Positionen zu gelangen. Kennen Ihre Gegner erst Ihre Planungen, vielleicht sogar Ihr erfolgreiches Mobbing-Verhalten, haben sie leichtes Spiel. Das ist wie in der klassischen Spionage: Kennt man die Absichten des Feindes, ist der heikle Auftrag schon fast erledigt.

Um kein Missverständnis aufkommen zu lassen: Männer gehören ebenso zu den Übeltätern wie Frauen. In einem Zeitalter, in dem sich immer mehr Frauen in Führungspositionen gemobbt haben, kommen sexuelle Verführungen und Belästigungen gegenüber Chefinnen sehr häufig vor, da viele Männer immer noch meinen, sie würden jede Frau ins Bett kriegen.

Die sexuellen Angriffe können zwei Ansatzpunkte haben:

1. Eine Konkurrentin oder ein Konkurrent von Ihnen schmeichelt Ihrer Eitelkeit und beginnt mit Ihnen eine Beziehung, um Sie später aus purem Eigeninteresse kaltzustellen. Vereinfacht gesagt: Sie oder er schläft mit Ihnen, um sich danach auf Ihren Platz zu setzen.
2. Ihre Gegner schicken Ihnen eine Art Trojanisches Pferd ins Bett, und zwar in der Gestalt einer Frau oder eines Mannes, der oder dem Sie nur schwer widerstehen können. Dieser Spion schnüffelt in Ihrem Leben herum und leitet seine Erkenntnisse an Ihre Kontrahenten weiter.

Wie wir aus feministischen Untersuchungen wissen, ist der vollzogene Beischlaf nur eine Möglichkeit der sexuellen Belästigung. Es gibt Varianten, die Sie kennen sollten, damit sie wirklich in keine noch so raffinierte Falle tappen:

1. Strategischer Flirt: eine leidenschaftliche Liaison, jedoch ohne orgiastische Höhepunkte.
2. Strategische sexuelle Andeutungen: Gewarnt sei hier explizit vor den weit unterschätzten modernen Gefahren wie E-Mails oder SMS.

3. Strategische körperliche Annäherungen: rein zufällig, versteht sich, häufig auf Betriebsfesten oder Dienstreisen.
4. Strategische Schleimereien: heftige Komplimente hinsichtlich Ihrer Figur, Ihres Genies oder (bei Männern) Ihres tollen Autos.
5. Strategisches Outfit: kurze Röcke, tiefe Ausschnitte, schicker Anzug, durchtrainierte Figur.

Wie Sie auf entsprechende Angriffe reagieren sollten, kann nur situationsbezogen entschieden werden und hängt von Ihrer Gutmütigkeit, Interessenslage sowie Ihrer momentanen sexuellen Deprivation ab. Das größte Problem ist, ein seriöses von einem hinterhältigen Angebot zu unterscheiden. Keine leichte Aufgabe, das müssen wir zugeben. Aber wenn Sie die Instrumente der erotischen Folterkammer kennen, können Sie angemessen reagieren und den unerträglichen Waffen Ihrer Gegner die »Schärfe« nehmen.

Erhalten Sie am Arbeitsplatz sexuelle Angebote, lassen Sie sich auf gar keinen Fall aus dem Gleichgewicht bringen. Beherrschen Sie sich, bleiben Sie sachlich und betrachten Sie die Situation aus einem überlegenen Blickwinkel – auch wenn es schwer fällt. Erwiesenermaßen befinden sich Menschen in erregtem Zustand in einer strategisch schlechten Ausgangslage. Ihr wacher Verstand ist in dieser Situation die einzige Waffe!

Sollten Sie der Aussicht auf ein erotisches Abenteuer dennoch nicht widerstehen können, dann konsumieren Sie in Gottes Namen, aber lassen Sie wenigstens das Objekt Ihrer Begierde im Unklaren über die wahren Gefühle, beruflichen Pläne und betrieblichen Interna. Keinesfalls dürfen Sie den Liebhaber in Ihre erfolgreichen Mobbing-Strategien einweihen, denn der Tod jeglichen erfolgreichen Mobbens ist die Transparenz.

Viele werden sich nun fragen: Gehören sexuelle Belästigungen nicht auch zum Handwerkszeug eines guten Mobbers? Keinesfalls, liebe Leser! Solche hormongesteuerten Feldzüge führen nur Personen, deren angeschlagenes Selbstwertgefühl es wirklich nötig hat. So handeln Menschen nur dann, wenn sie einsam und einfallslos sind, dringend Geld benötigen und von Mobbing keine Ahnung haben.

Gute Mobber lehnen dieses Vorgehen aus moralischen Erwägungen prinzipiell ab. Sie verlassen sich lieber auf ihre Intelligenz und Kreativität, auch wenn, wie man zugeben muss, die Grenzziehung zwischen der sexuellen Verführung und einigen Mobbing-Strategien nicht immer ganz einfach ist. Besonders gefährdet sind in dieser Hinsicht Mobber, die gerne mit der Körpereinsatz- oder der Umarmungsstrategie arbeiten. Bilden Sie sich in diesem Punkt am besten Ihr eigenes Urteil und teilen Sie uns Ihre Erfahrungen über das Internet mit. Wir sind gespannt auf Ihre E-Mails.

Spieglein, Spieglein an der Wand ...

... ich bin der Größte im ganzen Land! Sie sind ein VIP, eine *very important person*, erfolgreich auf dem gesellschaftlichen Parkett, im Beruf und von edlem Geschlecht. Man kennt Sie, Sie sind prominent und wollen das natürlich bleiben. Viele Möchtegerne-Promis und Faulenzer umzingeln Sie, da heißt es aufgepasst. Lassen Sie sich in Ihrer kultivierten Lebensart nicht beirren.

Pflegen Sie Kontakte zu den wichtigen Medienvertretern, speisen Sie sie mit gezielten Indiskretionen (Gerüchtediplomatie) und scheuen Sie nicht vor kleineren oder größeren Aufmerksamkeiten zurück (Umarmungsstrategie). Nur die ständige Präsenz in den Medien festigt Ihren Promi-Status.

Gehören Sie bereits zur S-Klasse der Prominentenliga, laden Sie regelmäßig in Ihr luxuriöses Domizil ein und sparen Sie dabei auf der Gästeliste Ihre Rivalen gezielt aus. Seien Sie aber andererseits auf eine hochkarätige Besetzung bedacht, damit viel Glanz auf Sie abfällt. Koordinieren Sie das Zusammentreffen wichtiger Personen, spielen Sie den Regisseur der Society. Bringen Sie Glamour in die graue Alltagswelt. Fotos von Ihnen mit den Großen dieser Welt zeugen von Einfluss oder erhöhen, falls Sie es noch nötig haben, den persönlichen Marktwert beträchtlich. Schalten Sie gegebenenfalls eine dieser rührenden Event-Managerinnen ein.

Bei allen wichtigen Veranstaltungen gehören Sie selbstverständlich dazu. Ihr Platz muss in der ersten Reihe sein, auf jeden Fall weit besser als der Ihrer Rivalen. Schicken Sie andernfalls lieber einen Vertreter. Glänzen Sie durch Abwesenheit. Checken Sie durch Ihr Büro im Vorfeld genau die Verhältnisse.

Falls Sie einem Ihrer Gegner unverhofft begegnen und ein Übersehen nicht möglich ist, verwickeln Sie ihn in ein kurzes Gespräch, in dem Sie ihn beiläufig nach diversen wichtigen Events und seiner Teilnahme fragen. Besonders pikant: Wenn Ihr VIP-Feind keine Einladung hat, dürfen Sie sich daran ergötzen, wie er sich aus dieser schlimmen Schmach herauswindet.

Auch eine kleine Affäre kann Sie unter Umständen gut ins Gespräch bringen und den VIP-Status erhöhen. Bei Prominenten wird dies ohnehin verstanden und verziehen. Fast jeder von ihnen hat schon einmal in diese Trickkiste gegriffen: Boris Becker, Verona Feldbusch, Heiner Lauterbach, Dieter Bohlen, Stephanie von Monaco, Rudolf Scharping ...

Achten Sie auf Ihre äußere Erscheinung. Sparen Sie nicht an Statussymbolen. Exklusive Fortbewegungsmittel (Bentley, S-Klasse, Hubschrauber, Schiff, Jet) gehören ebenso dazu wie teure Juwelen, Uhren, Villen, edle Designerkleidung. Kaufunlust und Konsumverzicht sind nicht Ihre Sache. Luxus ist für Sie unerlässlich. Das gehört zwangsläufig dazu.

Spenden Sie großzügig bei Wohltätigkeitsveranstaltungen, zeigen Sie soziales Engagement als Charity-Lady und verteilen Sie das Geld großzügig auf die Parteien. Beim Einfordern von Spendenquittungen sollten Sie es allerdings nicht ganz so genau nehmen.

Generell müssen Sie sich entscheiden, mit welchem Merkmal Sie Ihr Image prägen wollen, mit Reichtum, Macht, Schönheit oder Skandalen. Bei der einmal festgelegten Linie sollten Sie dann auch bleiben und diese nach allen Regeln der Kunst üppig propagieren.

So werden Sie bald von der Schickimicki-Society und den oberen Zehntausend umringt, geliebt und auf Händen getragen. Man wird sich um Sie reißen! Solange Sie oben sind, haben Sie im Übrigen keinerlei Schwierigkeiten von Ihrer Hausbank zu erwarten. Schließlich gehören diese Entscheidungsträger sehr gern zu Ihrem engsten Freundeskreis und kennen sich in Ihrem Weinkeller bestens aus.

Niemand wird es wagen, Sie zu übergehen oder Intrigen gegen Sie zu schmieden. Sie sitzen fest im Sattel.

Möchten Sie nicht auch dieses Format besitzen und die wirklich großen Annehmlichkeiten des Lebens genießen? Dann legen Sie los! Sie haben – so hoffen wir – eine Menge über Theorie und Praxis des Mobbings erfahren. Klappen Sie das Buch zu, gehen Sie hinaus ins wilde Mobbing-Leben und probieren Sie aus, was Sie gelernt haben. Sagen Sie nicht, dass Sie das nicht können, weil Sie bisher immer zu den bedauernswerten Mobbing-Opfern gehörten. Es gibt keine Mobbing-Opfer! Es gibt nur schlechte Mobber, die eine faule Ausrede für ihre Bequemlichkeit brauchen. Daher: Werden Sie aktiv! Sie wissen jetzt schließlich genug darüber, wie man erfolgreich mobbt. Worauf warten Sie noch?

Exkurs: Mobbing Charts –
Die Hitparade der zehn besten Mobber

Die Lektüre dieses Buches sowie der lange Weg des Mobbing-Lernens liegt nun (fast) hinter Ihnen. Als kleinen Anreiz, all die guten Ratschläge möglichst schnell in die Tat umzusetzen und den steilen Aufstieg zum Erfolgsmenschen endlich anzutreten, möchten wir Ihnen abschließend die zehn weltbesten Mobber vorstellen. Wäre eine solche Karriere nicht auch etwas für Sie?

Platz 1: Königin Elisabeth II.

Die unumstrittene Nummer 1 unter allen Mobbern! Sie perfektionierte die Königsstrategie. Die gesamte Familie wird von ihr erfolgreich gemobbt. Elisabeth schaffte es, Prinzessin Diana aus der königlichen Familie zu vertreiben. Die neue und wohl schon seit 1972 ewig alte Freundin von Prinz Charles, Camilla Parker Bowles, wird sie vermutlich gleichermaßen demütigen und gar nicht erst hineinlassen in die adelige Tafelrunde. Prinz Charles hält sie noch heute erfolgreich vom Thron fern, ihr Ehemann hat überhaupt nichts zu melden. Eine wahrhaft perfekte Mobberin! Die absolute Weltspitze.

Platz 2: Dagobert Duck

Dieses niedliche kleine Comic-Männchen von Walt Disney sammelt nichts lieber als goldene Taler und hortet seinen aufgehäuften Reichtum in einem Geldspeicher. Tag für Tag trachtet die Panzerknacker-Bande nach seinem Vermögen. Aber Schnorrer, Schmarotzer und Nassauer, die ihm ans Portemonnaie wollen, haben bei dem knauserigsten Geizhals aller Zeiten extrem schlechte Karten.

Sein einziger und liebster Neffe Donald ist sein prominentestes Mobbing-Opfer. Dieser hilft dem Onkel ständig dabei, seinen Reichtum zu schützen und zu mehren, profitiert jedoch nicht von dem Wohlstand. Donald ist und bleibt der ewige Pechvogel und Versager. Er findet immer nur unbezahlte Arbeit und wird als nützlicher Idiot missbraucht. Ja, ja, Dagobert ist ein perfekter Mobber, der wie die Queen vor der eigenen Familie nicht Halt macht. Ihm gehört die halbe Stadt, Donald nicht mal ein Haus.

Platz 3: Harald Schmidt

Harald Schmidt hat sich als Tabubrecher der Nation hohe Verdienste erworben. Als Grenzgänger zwischen Gesinnungs- und Verantwortungsmobbing trägt manche Late-Night-Show von ihm mehr Früchte als das Wort zum Sonntag. Gerüchte sowie eine gezielte Herabsetzungsstrategie werden von ihm eingesetzt, um die öffentliche Meinung in seinem Sinne zu beeinflussen. Durch Witz, Zynismus und eine gewisse Skrupellosigkeit avancierte er zum Baumeister des sozialen Friedens in Deutschland.

Beim Mobbing kennt Harald Schmidt keine gesellschaftlichen Unterschiede. Er engagiert sich für Randgruppen wie Lehrer und Frauen ebenso wie für die Welt der Prominenten. Hier einige Kostproben seines Könnens:

Lehrer: »Die Lehrer in Hessen streiken. Eigentlich kann man doch nur streiken, wenn man vorher gearbeitet hat.«

Frauen: »Curling – die perfekte Frauensportart: überwiegend gebückt und permanent mit Schrubber und Wasserkessel.«

Prominenz: »Clinton war mit hundert Frauen im Bett. Hundert Frauen – das ist ein Durchschnittswert auf der nach oben offenen Heiner-Lauterbach-Skala.«

Schalten Sie ab und zu einmal den Fernseher an, wenn Sie meinen, Ihre Mobbing-Kompetenz etwas auffrischen zu müssen!

Platz 4: Gerhard Schröder

Die Autoren verneigen sich vor einem Mobbing-Meister der modernen Gesellschaft, besonders vor seiner konsequenten und zielstrebigen Vorgehensweise. Als Perfektionist der Umarmungsstrategie ist Gerhard Schröder ein Symbol erfolgreichen Polit-Mobbings. Der Niedersachse hat die Geschichte vom amerikanischen Tellerwäscher neu geschrieben und gezeigt, dass man mit Mobbing von ganz unten bis ganz oben ins Zentrum der Macht gelangen kann.

Als beispielhafter Allround-Mobber entfernte der Kanzler beruflich und privat stets schwierige Wegbegleiter. Der Mobbing-Faktor im Bundeskabinett der vergangenen Legislaturperiode war enorm hoch. Indikatoren sind die zahlreichen Ministerdemissionen (insgesamt acht, darunter Oskar Lafontaine und Rudolf Scharping). Beeindruckend ist auch die private Stringenz in der Schröder-Biografie: Parallel zu den beruflichen Etappen wurde von ihm das private Umfeld mit vier Ehefrauen stets neu angereichert.

Hier zeigt sich, wie mit ruhiger Hand alles erreicht werden kann, mit immer neuem privaten Kick, ohne Langeweile und übermäßige Reibungsverluste. Perfekt!

Platz 5: Der Pate – Michael Corleone

Kultfigur der amerikanischen Spielfilmszene. Setzte seinen Gegnern die Mobbing-Pistole auf die Brust. Michael Corleone verschaffte seiner »Familie« ungeahnten Reichtum durch Strategien, die wir aus dem Alltag kennen und die nicht nur mit Mord und Totschlag zu tun haben. Ein genialer Mobber mit Vorbildcharakter und einer Vorliebe für Psychoterror, der notfalls sogar Familienmitglieder um die Ecke brachte, wenn sie seine Machtposition gefährdeten.

Platz 6: Alice Schwarzer

Die Vorkämpferin der Emanzipation wurde zur weiblichen Ikone aller Mobbing-Trainer, ihre Frauenzeitschrift *Emma* besitzt Selbsthilfegruppenstatus für alle Leserinnen. Es ist Alice Schwarzer gelungen, mittels der Herabsetzungsstrategie eine halbe Nation – nämlich alle Männer – erfolgreich zu mobben oder die Frauen so zu schulen, dass sie dies selbst erledigen können. Welchem deutschen Mann werden heute noch widerspruchslos Pantoffeln und Bier herbeigetragen? Welcher Macho wagt es heutzutage, sich zu outen? Wer darf noch ruhig die Sportschau ansehen, während die bessere Hälfte in der Küche steht und rackert?

Selbst in der klassischen Männerdomäne, der Politik, sind weibliche Ansprüche nicht länger überhörbar. Mancher sichere Kandidat muss Federn lassen oder zumindest Zugeständnisse an die aufgeweckte weibliche Bevölkerung machen. Im Sport bleibt es den Männern ebenso wenig erspart, aufgemischt zu werden. Weibliche Rennfahrerinnen, Fußballmannschaften und Boxerinnen werden von einer Mehrheit noch sanft belächelt, aber die Angst geht um, dass es damit bald vorbei sein könnte.

Platz 7: Wagner-Clan

Die Familie Wagner ist nicht nur untereinander ein ziemlich zerstrittener Haufen. Alle Mitglieder des Clans verstehen es nahezu perfekt, die Kunst des Mobbings mit theatralischer Selbstdarstellung zu verbinden. Die erklärte Anhängerin Adolf Hitlers, Winifred Wagner, hatte zwei Söhne, Wieland und Wolfgang. Nach dem Zweiten Weltkrieg mobbte erst Wieland seine Mutter, indem er sie konsequent isolierte. Dann versuchten die beiden Brüder, sich gegenseitig aus dem Rennen zu werfen.

Nach Wielands Tod mobbte Wolfgang nicht nur die Nachkommen Wielands im Kampf um die Herrschaft bei den Bayreuther Festspielen, sondern gleich auch seine erste Frau Ellen sowie die beiden Kinder aus dieser Ehe, Gottfried und Eva. Unter Einsatz aller PR-Maßnahmen vermochte es der mittlerweile über 80-jährige Wolfgang, die Zügel in Bayreuth in der Hand zu halten. Bravissimo, Herr Wagner, Ihnen können wir wahrlich nicht mehr viel beibringen. Nur eins noch: Ein guter Mobber weiß, wann er gehen muss!

Platz 8: Yoko Ono

Sie hat die Beatles auseinander gebracht, indem sie John Lennons Herz eroberte und als seine Freundin kräftig Intrigen streute. Ihr Rezept zur Entzweiung der vier Pilzköpfe soll die Gerüchtediplomatie gewesen sein, wenn man den Zeitzeugen wirklich glauben darf. Später mobbte sie Lennon selbst, indem sie noch zu seinen Lebzeiten das Milliardenvermögen verwaltete und dem Vernehmen nach jeden Tag andere Liebhaber in ihrem Haus in New York empfing.

Platz 9: Eminem

Marshall Mathers jr., alias Slim Shady, genannt Eminem, provozierender Skandalrapper aus Detroit mit bewegter Vergangenheit, gibt auf jeder Platte in einem Song seiner Ex-Ehefrau Kim kräftig eins mit. Er macht nicht nur mit der Kettensäge auf der Bühne Kleinholz, sondern traktiert alle, die sich einmischen, mit Verbalattacken.

Das mussten auch die Gattinnen der amerikanischen Vizepräsidenten Al Gore und Richard B. Cheney erfahren. Ihnen wünschte er ein »Fuck you«, weil sie aus seiner Sicht die Rapperszene zerstören wollten. Selbst seine Mutter verklagte ihn wegen Beleidigung auf zehn Millionen Dollar Schmerzensgeld. Ein unterhaltsames Mobbing-Theater, sofern man nicht selbst zur Zielscheibe wird.

Platz 10: Thomas Gottschalk

Jahrelang war Thomas Gottschalk der Sonnyboy des deutschen Fernsehens. Er ist der Liebling aller Frauen über fünfzig und ein ausgesprochener Fan der amerikanisch-bayerischen Lebensweise. Der Moderator mobbte in den letzten Jahren nicht nur die farbigen Gummibärchen, sondern auch eine Vielzahl seiner Kolleginnen und Kollegen des Showgeschäfts.

Richtig bekannt wurde unser aller Thommy durch die Samstagabendsendung »Wetten dass ...?«. Vor ein paar Jahren wechselte er vom ZDF zu den Privaten, weil ihm die Lust an dieser Show verloren ging. Ein Fehler, wie er bald feststellen musste, denn nach einem kurzen Intermezzo bei RTL und Sat 1 kehrte der verlorene Sohn wieder zu »Wetten dass ...?« zurück.

Aber da war mittlerweile Wolfgang, das deutsche Talent aus dem Osten, angekommen. Im Handstreich gelang es Gottschalk, den beliebten Kollegen zur Aufgabe zu bewegen, natürlich nicht ohne den Druck des zweiten öffentlichen Fernsehsenders. Damit stand Lipperts Abstieg nichts mehr im Wege. Dessen Millionenschulden, über die *BILD* regelmäßig berichtet, interessieren uns nicht mehr. Wir halten es mit dem Gewinner. Super Thommy, du bist der Größte!

Sonderplatzierung für den FC Bayern München

Ein wahres Paradies für fußballspielende Mobber ist der FC Bayern München. Hier mobbt seit Jahren jeder gegen jeden. Ob Beckenbauer, Hoeneß, Strunz, Effenberg oder Basler, jeder betätigt sich als guter Stratege, solange er bei den Bayern spielt. Auch Lothar Matthäus, der Vorzeigefußballer, hatte seine Qualitäten, bis er von seiner Freundin Maren, der Tochter des Vereinsarztes, in die Wüste geschickt wurde. Der FC Bayern München hat alles zu bieten – vom Ehe-Mobbing bis zum Psychoterror dem Trainer gegenüber, aber auch umgekehrt.

Die Grundlagen für Stefan Effenbergs neues Liebesglück wurden zum Beispiel in München gelegt. Denn irgendwann saß sein Vereinskollege Strunz allein zu Hause – und seine Noch-Ehefrau auf dem Schoß des Gegenspielers. Weihnachtsfeiern sind bei Bayern München aus einem ganz ähnlichen Grund nicht ungefährlich. Hier verlor Sibylle Beckenbauer ihren Mann Franz an die Vereinssekretärin, diese wiederum ermobbte sich ein kleines Baby sowie einen neuen Lebensgefährten.

So hart und intrigenreich kann Fußball sein. Denken Sie nur an den italienischen Trainer Giovanni Trapattoni, den die bayerischen Meisterschützen so lange terrorisierten, bis dieser entnervt in die Fernsehmikrofone schrie: »Ich habe fertig!« Dann ging er.

Wohl nur so kann man über Jahrzehnte hinweg eine Spitzenstellung halten und zum Rekordmeister werden. Wir finden: Der FC Bayern München verdient eine Sonderplatzierung!

Anhang

Mobbing-Tests

Mobbing-Test A

Der Mobbing-Test A (Mobbing-Prüf-Brille, MPB) soll es Ihnen ermöglichen, gegen Sie gerichtetes Mobbing frühzeitig zu erkennen und ihm mit den Strategien, die Sie in diesem Buch gelernt haben, entgegenzuwirken. Beantworten Sie die Fragen spontan, ohne lange nachzudenken und ohne Beratung mit einer dritten Person.

MPB – Test A:

	Stimmt	Stimmt nicht
1. Der Zusammenhalt in Ihrer Gruppe wird erschüttert.		
2. Sie haben unerwartet einen neuen Freund, der Ihnen Versprechungen macht.		
3. Dieser neue Freund steht plötzlich im Mittelpunkt der Gruppe.		
4. Ein früher sehr beliebtes Gruppenmitglied wird an den Rand gedrängt.		
5. Ihr neuer Freund lässt Sie allmählich wieder fallen und erklimmt die nächste Stufe auf der Karriereleiter.		

	Stimmt	Stimmt nicht
6. Der Weg nach oben wird für Sie plötzlich schwieriger.		
7. Sie sind schlechter informiert als früher.		
8. Sie werden weniger loyal behandelt.		
9. Sie werden hinter Ihrem Rücken schlecht gemacht.		
10. Fühlen Sie sich übergangen?		
11. Es wird Ihnen etwas in die Schuhe geschoben, womit Sie nur wenig zu tun haben.		
12. Sie müssen für andere die Schuld auf sich nehmen.		
13. Kommen Sie manchmal in die Schusslinie, obwohl es andere mehr verdient hätten?		
14. Sie müssen immer reagieren, statt zu agieren.		
15. Haben Sie das Gefühl, dass andere auf Sie zeigen, um von sich selbst abzulenken?		
16. Hinter Ihrem Rücken wird geredet.		
17. Sie fühlen sich beobachtet.		
18. Gruppen lösen sich auf, wenn Sie dazukommen.		
19. Ihnen wird Ablehnung zuteil.		
20. Alle gehen Ihnen aus dem Weg.		
21. Sie haben den Eindruck, dass eine ganze Gruppe gegen Sie ist.		
22. Es wir gegen Sie Stimmung gemacht.		
23. Jemand empfindet Sie als Rivalen.		
24. Ihre Fähigkeiten werden kritisiert und angezweifelt.		
25. Sie werden gemieden.		
26. Plötzlich ist alles anders.		
27. Sie verlieren den Überblick.		

	Stimmt	Stimmt nicht
28. Sie wissen nicht mehr, was in Ihrem Leben noch gilt.		
29. Alles ist in Bewegung.		
30. Die Welt hat sich gegen Sie verbündet.		
31. Sie befinden sich im ständigen Kleinkrieg.		
32. Der Alltag zermürbt Sie.		
33. Ständig wird Ihr Friede gestört.		
34. Ständig haben Sie mit Bosheiten zu kämpfen.		
35. Ihre Nerven sind zum Zerreißen gespannt.		
36. Jemand ist plötzlich auffallend nett zu Ihnen.		
37. Sie fühlen sich von dieser Person verstanden und geachtet.		
38. Sie erleben sich begehrenswert und attraktiv.		
39. Begegnet Ihnen eine Person auf einmal sehr häufig?		
40. Haben Sie dieser Person mehr Geheimnisse anvertraut, als Sie eigentlich wollten?		
41. Sie fühlen sich jemanden stark überlegen.		
42. Ihr Rat und Ihre Hilfe ist für jemanden sehr wichtig.		
43. Sie helfen Schwächeren gerne.		
44. Eigentlich helfen Sie mehr, als Sie wollen.		
45. Es schmeichelt Ihnen, bewundert zu werden.		
46. Ihr Selbstbewusstsein wird erschüttert.		
47. Sie haben das Gefühl, weniger weit zu sein.		
48. Sie werden an Ihrem wundesten Punkt getroffen.		
49. Sie fühlen sich bloßgestellt.		
50. Die anderen zweifeln an Ihren Fähigkeiten.		

Die Auswertung

Prüfen Sie nun, wo gehäuft Zustimmung von Ihnen zu erkennen ist, und ordnen Sie anhand der beigefügten Tabelle die entsprechenden Strategien zu, die Sie nun Ihrerseits anwenden können, um Ihren mobbenden Gegner zu entlarven und auszuhebeln.

Falls sich Ihre Kreuzchen (»stimmt«) fast gleichmäßig über alle 50 Fragen verteilen, so seien Sie gewarnt: Es scheint sich um einen Mobber der Königsklasse zu handeln. Wir empfehlen ein noch intensiveres Studium unseres Buches.

Auswertungstabelle

Fragen	1 – 5	Umarmungsstrategie
Fragen	6 – 10	Loyalitäten verletzen
Fragen	11 – 15	Ablenkungsmanöver
Fragen	16 – 20	Gerüchtediplomatie
Fragen	21 – 25	Solidarisierungsstrategie
Fragen	26 – 30	Spielregeln missachten oder ändern
Fragen	31 – 35	Psychoterror
Fragen	36 – 40	Körpereinsatzstrategie
Fragen	41 – 45	Unterwerfungsstrategie
Fragen	46 – 50	Herabsetzungsstrategie

Mobbing-Test B

Dieser Mobbing-Test soll einen Überblick darüber verschaffen, wie gut Ihre Mobbing-Qualitäten bereits ausgeprägt sind. Beantworten Sie die Fragen ebenfalls spontan, ohne lange nachzudenken und ohne Beratung mit Dritten.

MPB – Test B:

	Stimmt	Stimmt nicht
1. Sie sind ein glücklicher Mensch.		
2. Sie fühlen sich körperlich topfit.		
3. Sie fühlen sich seelisch voll im Einklang.		
4. Ihr Liebesleben ist ein einziger Traum.		
5. Überall spielen Sie den Boss.		
6. Ihre Vermögensverhältnisse sind genial.		
7. Ihr Zuhause ist stilvoll und elegant.		
8. Sie fahren ein teures Auto.		
9. Ihr Beruf füllt Sie voll aus.		
10. Im Urlaub haben Sie stets einen reservierten Liegestuhl.		
11. Der Hotelmanager serviert Ihnen das Frühstück persönlich.		
12. Sie müssen sich niemals am kalten Büffet in die Schlange einreihen.		
13. Sie stehen in jeder Runde im Mittelpunkt.		
14. Sie bestimmen die Spielregeln in Ihrem Verein.		
15. Unliebsame Eindringlinge in Ihrem Revier vertreiben Sie blitzartig.		
16. Für Sie kommen nur absolute Traumstrände in Betracht.		
17. »Einheimische« Surfer sind kein Problem.		

	Stimmt	Stimmt nicht
18. Als Platzhirsch lassen Sie andere die Drecksarbeit machen.		
19. Sie ergattern immer die besten Schnäppchen.		
20. In der Schule hatten Sie Ihre Lehrer immer fest im Griff.		
21. Sie stehen nie im Gedränge.		
23. Ihre Eltern treten frühzeitig das Erbe ab.		
24. Ihr Ruherecht wird überall respektiert.		
25. Am Zebrastreifen wird sofort für Sie angehalten.		
26. An der Kasse werden Sie vorgelassen.		
27. Die linke Autobahnspur ist Ihre zweite Heimat.		
28. Sie freuen sich auf Ihren Partner, wenn Sie nach Hause kommen.		
29. Sie fühlen sich nicht schikaniert.		
30. Ihr Lebenspartner ist ein gefügiges Wesen.		
31. Sie sind für Ihre Kinder ein echtes Mobbing-Vorbild.		
32. Sie pauken mit Ihren Kindern spielerisch die wichtigsten Mobbing-Strategien.		
33. Ihre Kinder sind Ihr ganzer Stolz, sie sind wahre Prestige-Subjekte.		
34. In der Schule genießen Ihre Kinder bei den Lehrern ein hohes Ansehen.		
35. Bei den Mitschülern sind Ihre Kinder die Anführer.		
36. Sie spielen Golf oder Polo.		
37. Sie haben ein gutes Handicap.		
38. Sie müssen nicht übermäßig für den Erfolg schuften.		
39. Weihnachten bekommen Sie immer die besten Geschenke.		
40. Ihre Freunde liegen Ihnen zu Füßen.		

	Stimmt	Stimmt nicht
41. Sie schaffen es immer, unliebsame Aufgaben zu delegieren.		
42. Sie nutzen die Kantinengespräche für Ihre Ziele.		
43. Sie halten regelmäßig Hof.		
44. Ihre Kollegen sind Ihre Gehilfen.		
45. Es wird nicht über Sie gelästert.		
46. Beim Betriebsausflug werden Sie als toller Kumpel geschätzt.		
47. Sie zeigen sich spendabel, wenn es Ihnen Vorteile bringt.		
48. Alle Fäden laufen bei Ihnen zusammen.		
49. Den Ablauf von Dienstreisen bestimmen Sie selbst.		
50. Sie nehmen Ihre Privilegien grundsätzlich immer wahr.		
51. Statusunterschiede machen Sie stets sichtbar.		
52. Das Handy ist Ihr wichtigstes Arbeitsinstrument.		
53. Sie nutzen E-Mails als strategisches Mittel.		
54. Sie haben immer einen Wissens- und Informationsvorsprung.		
55. Mittels Mitarbeitergesprächen bauen Sie Ihre Führungsposition aus.		
56. Sie packen die Mitmenschen bei ihrer Eitelkeit.		
57. Sie verlieren nie das Ziel aus den Augen.		
58. Sie nutzen Besprechungen, um Verbündete zu gewinnen.		
59. Sie provozieren andere dazu, Ihre Kontrahenten schlecht zu machen.		
60. Ihre Autorität wird niemals untergraben.		
61. Sie nageln Ihre Mitmenschen auf deren Versprechungen fest.		

	Stimmt	Stimmt nicht
62. Sie demonstrieren gern Ihre Macht.		
63. Ihren Kontrahenten überlassen Sie wenig Entscheidungsspielraum und Verantwortung.		
64. Sie ziehen möglichst alle Entscheidungen an sich.		
65. Sie haben einen luxuriösen Arbeitsplatz.		
66. Sie fahren einen erstklassiges Dienstwagen.		
67. Ihre Mitarbeiter und Kollegen gehen für Sie durchs Feuer.		
68. Bevor Sie sich zur Teamarbeit entschließen, wägen Sie alle Vor- und Nachteile sorgfältig ab.		
69. Ihr Team dient Ihnen zur Informations- beschaffung.		
70. Jedes Team ist nach Ihren Vorstellungen zusammengesetzt.		
71. Sie lassen sich sexuell nicht ungewollt verführen.		
72. Sie lassen sich nie in die Karten schauen.		
73. Sie wissen: Bett und Job sind verschiedene Baustellen.		
74. Sie sind ein VIP.		
75. Sie fehlen auf keinem erstklassigen Society-Event.		
76. Alle wollen mit Ihnen befreundet sein.		
77. All Ihre Lebensträume haben sich erfüllt.		
78. Eigentlich wussten Sie vor der Lektüre dieses Buches bereits alles.		
79. Sie werden das Buch nicht weiterempfehlen, damit Sie allein das »Herrschaftswissen« besitzen.		
80. Sie haben das Zeug zum Papst oder zur Präsidentin.		

Die Auswertung

Addieren Sie alle »stimmt«-Antworten. Für jedes »stimmt« erhalten Sie einen Punkt. Damit können Sie sich jetzt selbst ein Bild Ihres Mobbing-Könnens machen. Möglich sind maximal achtzig Punkte.

0 – 30 Punkte:
Sie haben keinerlei Mobbing-Fähigkeiten. Mit Ihren Lebensbewältigungsstrategien lässt sich nicht einmal ansatzweise Lebensglück verwirklichen. Werden Sie endlich zum Raubtier und lassen Sie sich nicht weiter in die Defensive drängen. Nehmen Sie Ihr Leben in die eigene Hand. Setzen Sie die Vorschläge des Buches Wort für Wort um.

31 – 60 Punkte:
Sie haben durchaus gewisse positive Ansätze, auf denen Sie aufbauen können. Vieles ist aber noch verbesserungsbedürftig, vor allem im strategischen Bereich. Das Glück fällt nicht vom Himmel, man muss schon daran arbeiten. Trauen Sie sich mehr zu. Denken Sie strategischer! Benutzen Sie dieses Buch in Form eines Ratgebers, den Sie ständig mit sich herumtragen.

61 – 80 Punkte:
Hut ab – Sie gehören zu den Meistermobbern. Glückwunsch! Wie haben Sie das ohne unsere Tipps geschafft? Sie können das Buch getrost in den Papierkorb werfen oder zu Weihnachten verschenken, damit Sie in Zukunft wenigstens wieder einige natürliche Feinde in Ihrer Mobbing-Umgebung haben werden. Vielleicht können Sie uns sogar ein paar gute Tipps verraten? Das wäre ausgesprochen nett von Ihnen!

Mobbing-Orientierungshilfen

In unserem kleinen Mobbing-Leitfaden wurden diverse Denkanstöße, Strategien, Empfehlungen und Handlungsanweisungen aufgeführt, die zeigen sollen, wie Sie mit Mobbing zum Erfolg kommen. Mit fünf wesentlichen Grundsätzen wollen wir diese Ausführungen beenden.
Die fünf Regeln lauten:

1. Erfolg lässt sich durch gutes Mobbing garantieren! Der Misserfolg lässt sich immer auf schlechtes oder gar kein Mobbing zurückführen!
2. Mobbing ist grundsätzlich für alle Menschen gut!
3. Konflikte und Probleme lassen sich durch intelligentes Mobbing lösen!
4. Nicht mobben macht krank!
5. Wer Mobbing ablehnt, hat dieses Buch nicht gelesen oder nicht verstanden!

Hinweis

Alexander Vier ist zu erreichen unter ichmobbegern@t-online.de

Nur wer zu leben weiß, kann auch erfolgreich arbeiten

Hannelore Fritz
Besser leben mit work-life-balance
Wie Sie Karriere,
Freizeit und Familie in Einklang bringen
192 Seiten · geb. mit SU
€ 19,90 (D) · sFr 36,–
ISBN 3-8218-3871-x

Sie haben Stress im Beruf und zu wenig Zeit für sich,
Ihre Familie und Ihre Freunde? Sie sind unausgeglichen
und haben ständig das Gefühl, dass Sie die wirklich
spannenden Dinge verpassen? Was fehlt, ist eine Balance,
die die Bedürfnisse nach Arbeit und Erfolg mit all den
anderen Lebenszielen in Einklang bringt.

Die erfahrene Beraterin Hannelore Fritz vermittelt ganz
konkrete Strategien, mit denen Sie es schaffen, die vier
wichtigen Lebensbereiche – persönliche Werte, Arbeit
und Karriere, Körper und Gesundheit, Beziehungen und
Kontakte – harmonisch miteinander zu verbinden und
Erfolg, Zufriedenheit und Glück aus der bewußten
Verknüpfung dieser oft getrennten Welten zu erlangen.

 Eichborn.
Kaiserstraße 66
60329 Frankfurt
Telefon: 069 / 25 60 03-0
Fax: 069 / 25 60 03-30
www.eichborn.de

Wir schicken Ihnen gern ein Verlagsverzeichnis.